NIMM DIR ETWAS ZEIT für dich

Geschichten, Gedanken und Rezepte für gemütliche Stunden

Zeit,

die wir uns nehmen,

ist Zeit,

die uns etwas gibt.

ERNST FERSTL

GÖNNE DIR MOMENTE FÜR DICH

Ob du nach einem langen Arbeitstag auf der Couch abschalten willst, es dir am Wochenende im Grünen auf der Picknickdecke gemütlich machen oder einfach zwischendurch effektiv zur Ruhe kommen möchtest: Dieses Buch begleitet dich durch kleine Auszeiten und entspannte Stunden.

Erzählungen und inspirierende Gedanken bekannter Autoren sowie kleine Weisheitsgeschichten zum Schmökern lassen dich träumen, durchatmen und abschalten. Fantasievolle Impulse für alle deine Sinne zeigen dir, wie du deinen Alltag mit mehr bewusster Zeit für dich gestalten kannst.

Für deine Wohlfühlzeit kannst du das Buch einfach spontan an einer Stelle aufschlagen oder im Inhaltsverzeichnis gezielt danach suchen, was dich heute am meisten inspiriert.

Mach es dir bequem, fang einfach an zu lesen und lass die Seele baumeln.

Inhalt

GESCHICHTEN

GEDANKEN UND IMPULSE

REZEPTE UND REZEPTUREN

Das Märchen von der geschenkten Zeit

Ein Königspaar hatte drei Töchter. Von der Ältesten sagten die Leute: „Wie klug sie ist!“ Von der Zweiten meinten sie voller Bewunderung: „Seht, wie fleißig sie ist!“ Wenn sie aber von der dritten Tochter sprachen, hellten sich ihre Gesichter auf: „Sie ist so freundlich und kann so wunderbar lachen!“ „Es ist an der Zeit, meine lieben Töchter“, sagte eines Tages die königliche Mutter, „dass ihr das Haus verlasst und die Welt kennenlernt.“ Einer jeden legte sie eine kunstvoll gewirkte Tasche über die Schulter, die prall gefüllt war. „Das ist eure Wegzehrung. Ich habe jeder von euch einen großen Anteil meiner Zeit geschenkt. Mehr davon kann ich euch nicht geben. Geht sorgsam damit um.“

Der Abschied war herzlich. Dann ging jede ihres Weges. Die erste, kluge Tochter war noch nicht weit gegangen, da hatte sie schon eine große Berechnung angestellt, wie sie ihre Zeit möglichst gewinnbringend anlegen könnte. „Gönn uns ein kleines bisschen von deiner Zeit“, wisperten da die Blumen am Wegesrand.

„Wo denkt ihr hin!“, sagte die Kluge. „Zeit ist Geld und das wirft man nicht einfach auf die Straße.“ Und sie eilte davon, als hätte sie schon keine Zeit mehr. Die zweite, fleißige Tochter hatte schon bald eine Beschäftigung entdeckt und arbeitete hastig, denn sie wollte die Zeit ausnutzen. Da rollte ihr ein roter Ball zwischen die Füße. Ein Kind rannte herbei und fragte: „Spielst du mit mir?“ „Jetzt nicht“, sagte die Fleißige, „ich habe keine Zeit. Ich muss heute schon die Arbeit von morgen machen.“ „Spielst du dann morgen mit mir?“ „Es geht nicht, da mach ich schon die Arbeit von übermorgen!“

„Und dann, hast du dann Zeit?“

„Vielleicht, wenn mir nichts dazwischenkommt. Aber jetzt nimm deinen Ball. Stiehl mir nicht die Zeit!“

Da ging das Kind wieder seines Weges. Die dritte, freundliche Tochter aber kam nicht weit, nur bis zu einer Bank am Ententeich. Da saßen ein paar alte Leute und schwiegen sich an, denn sie hatten sich schon alles erzählt und etwas Neues fiel ihnen nicht mehr ein. „Hast du ein bisschen Zeit? Komm, setz dich zu uns!“

„Aber sicher", sagte die Königstochter mit dem lachenden Gesicht, während sie in ihre Tasche griff. „Ich habe viel Zeit geschenkt bekommen. Davon kann ich euch doch abgeben." Und sie fragte die alten Leute nach ihrem Leben und sie erzählten ihr viel. Und als die Königstochter sich endlich verabschiedet hatte, hörte sie die Alten von Weitem noch lachen, denn es war ihnen noch so viel eingefallen, was sie beinahe schon vergessen hatten.
„Nach einem Jahr kommt ihr noch einmal zurück und erzählt, wie es euch ergangen ist", hatte die Mutter gesagt. Als dieses Jahr herum war, schickte die Älteste ein teures Blumengebinde mit einem Gruß daran: „Liebe Eltern! Habt Dank, aber ich kann euch jetzt nicht besuchen, es wäre unklug. Der weite Weg zu euch würde mich zu viel Zeit kosten."
Die Zweite kam in allerhöchster Eile und erzählte von der vielen Arbeit, die nun liegen bleiben musste, und war im Herzen schon wieder abgereist, ehe sie angekommen war.
Die Dritte aber kam etwas zu spät, denn sie hatte unterwegs Blumen gepflückt, die sie der Mutter mitbringen wollte.
„Hast du denn so viel Zeit übrig?", fragte die Mutter. „Aber sicher", sagte die Tochter, „du hattest mir ja gar nicht verraten, dass die Tasche sich immer wieder füllt! Je mehr Zeit ich verschenkt habe, desto mehr fand ich darin." Da sagte die Mutter lächelnd: „Du bist die Einzige, die das Geheimnis der geschenkten Zeit erfahren hat."

VERFASSER UNBEKANNT

TRÄUME DICH AN DEINEN WOHLFÜHLORT

Deine Gedanken sind frei: Du kannst mit ihnen an die schönsten Orte wandern, ohne dass du dich weit wegbewegst. Wähle dafür einen Platz, an dem du für ein paar Minuten ungestört bist. Schließ dann deine Augen und versetze dich gedanklich an deinen persönlichen Wohlfühlort.

Wie sieht es dort aus? Welche Farben kannst du erkennen? Welche Gerüche und Geräusche nimmst du um dich herum wahr? Wie sieht das Licht aus, wie fühlt sich die Luft dort an? Was spürst du auf deiner Haut, wie fühlt sich dein Körper an?

Stelle dir deinen Ort in allen Details vor und spüre ihn mit all deinen Sinnen. Liegst du im Sonnenschein auf einer grünen Wiese, über deren Gräser sanft der Wind weht? Oder auf einer Sonnenliege am Strand, mit weitem Blick übers Meer und einem Cocktail in der Hand? Oder schaust du im immergrünen Dschungel auf einen Wasserfall, dessen Gischt du im Gesicht spürst?

Merkst du, wie du wieder Kraft tankst? Wann immer du ihn brauchst, kannst du an deinen persönlichen Kraftort zurückkehren.

Gleich einer

ziehenden *Wolke*

durch nichts gebunden:

Ich lasse einfach los,

gebe mich in die Launen

des Windes.

DAIGU RYÔKAN

Die meisten Menschen wissen gar nicht ...

... wie schön die Welt ist und wie viel Pracht in den kleinsten Dingen, in irgendeiner Blume, einem Stein, einer Baumrinde oder einem Birkenblatt sich offenbart.
Die erwachsenen Menschen, die Geschäfte und Sorgen haben, sich mit lauter Kleinigkeiten quälen, verlieren allmählich ganz den Blick für diese Reichtümer, welche die Kinder, wenn sie aufmerksam und gut sind, bald bemerken und mit dem ganzen Herzen lieben.
Und doch wäre es das Schönste, wenn alle Menschen in dieser Beziehung wie aufmerksame und gute Kinder bleiben wollten: einfältig und fromm im Gefühl – und wenn sie die Fähigkeit nicht verlieren würden, sich an einem Birkenblatt oder der Feder eines Pfauen oder an der Schwinge einer Nebelkrähe so innig zu freuen wie an einem großen Gebirge oder an einem prächtigen Palast.
Das Kleine ist ebenso wenig klein, als das Große groß ist.
Es geht eine große und ewige Schönheit durch die ganze Welt, und diese ist gerecht über die kleinen und großen Dinge verstreut.

RAINER MARIA RILKE

Oh,

so *wohltuend* und *still!*

Welche *Erholung* für die Gedanken!

Frei von dem betäubenden Lärm

der Menschen.

FRIDTJOF NANSEN

DER STILLE LAUSCHEN

Den ganzen Tag umgeben uns Geräusche: Den Auftakt macht der Wecker, dann stecken wir uns Kopfhörer mit Musik in die Ohren. Autolärm, das Rattern der Straßenbahn und geschäftiger Trubel in der Stadt umfließen uns. Bei der Arbeit hallen uns Gespräche und Telefonklingeln in den Ohren. Wieder zu Hause, begleitet uns der laufende Fernseher am Abend, bis wir möglicherweise völlig reizüberflutet ins Bett fallen.

Das Gehör ist ununterbrochen auf Empfang, denn es lässt sich nicht abschalten. Ignorieren kannst du Geräusche also nicht. Was du aber einmal ausprobieren kannst: Gönne deinen Ohren und damit auch dir selbst hin und wieder eine Pause. Verzichte für eine Weile auf Musik und schalte so viele künstliche Geräuschquellen wie möglich aus. Höre eine Weile bewusst in die Stille hinein. Auch ein Ort in der Natur, an dem du dich zurückziehen und den Naturgeräuschen lauschen kannst, ist wohltuend für deine Ohren.

Spürst du, wie du tiefer durchatmen und auch die leiseren Töne wieder viel besser wahrnehmen kannst? Wie du dich insgesamt wieder ruhiger fühlst?

Gönne deinen Ohren eine Auszeit, so oft, wie du sie brauchst.

Die beiden Krüge

Es war einmal ein Wasserträger. Auf seinen Schultern ruhte ein Holzstab, an dem rechts und links je ein großer Wasserkrug befestigt war. Einer der Krüge war makellos, der andere jedoch hatte einen Sprung. Mit dem unversehrten Krug konnte der Wasserträger am Ende seines langen Weges vom Fluss zum Haus seines Dienstherrn eine volle Portion Wasser abliefern.
In dem kaputten Krug war an seinem Ziel hingegen immer nur noch die Hälfte des Wassers übrig. Der perfekte der beiden Krüge war sehr stolz darauf, dass der Wasserträger in ihm immer die ganze Portion Wasser transportieren konnte. Der Krug mit dem Sprung hingegen war beschämt, dass er durch seinen Makel nur halb so gut war wie der andere Krug.
Irgendwann hielt der kaputte Krug es nicht mehr aus und sagte zu seinem Träger: „Ich schäme mich so sehr für meine Unzulänglichkeit und möchte mich bei dir entschuldigen." Der Wasserträger schaute den Krug verwundert an und fragte: „Aber wofür denn? Warum schämst du dich?"
„Ich bin nicht in der Lage, das Wasser zu halten, sodass du durch mich immer nur die Hälfte zu dem Haus deines Dienstherrn bringen konntest. Du hast die volle Anstrengung, bekommst aber nicht den vollen Lohn, weil du immer nur anderthalb statt zwei Krüge Wasser ablieferst", bekannte der Krug.
Der Wasserträger lächelte nur und erwiderte: „Achte gleich, wenn wir zum Haus gehen, auf den Straßenrand." Am Ende des Wegs fühlte sich der Krug immer noch ganz elend und entschuldigte sich erneut bei dem Wasserträger.
Der aber erwiderte: „Hast du die Wildblumen am Straßenrand gesehen? Ist dir aufgefallen, dass sie nur auf deiner Seite des Weges wachsen, nicht aber auf der, wo ich den anderen Krug trage? Ich wusste von Beginn an um deinen Sprung. Und so habe ich Wildblumensamen auf deiner Seite des Weges verstreut. Jedes Mal, wenn wir zum Haus gingen, hast du sie gewässert. Ich habe jeden Tag einige dieser wundervollen Blumen pflücken können und damit den Tisch meines Herrn dekoriert. Und all diese Schönheit hast du geschaffen."

VERFASSER UNBEKANNT

Die erste

Morgenstunde

ist das Steuerruder

des Tages.

AUGUSTINUS AURELIUS

MIT GUTEN GEDANKEN IN DEN TAG

Ein besonderes Ritual, um deinen Morgen zu beginnen, können die „Morgenseiten“ sein. Lege dir Notizheft und Stift auf den Nachttisch und gönne dir am Morgen noch im Bett einige Minuten, um intuitiv und ungefiltert alles aufzuschreiben, was dir durch den Kopf geht.

Das kann alles Mögliche sein: Pläne, Hoffnungen, vielleicht auch Ängste und Sorgen. Erlaube dir alle Gedanken. Gib dir eine bestimmte Zeitspanne vor, in der du ohne abzusetzen schreibst – fünf oder zehn Minuten reichen schon. Dabei gibt es kein Richtig und Falsch. Alles ist erlaubt: Stichwörter, Schimpfwörter oder eine fantasievolle Rechtschreibung – denke nicht nach, schreib einfach drauflos!

Der Effekt lässt nicht lange auf sich warten: Du kannst mit weniger Ballast in den Tag gehen, deine Kreativität und Fantasie werden angeregt, du lernst deine Wünsche und Bedürfnisse besser kennen – und vor allem: dich selbst ...

Die Welt

gehört dem,

der sie genießt.

GIACOMO LEOPARDI

ENTSPANNUNG MIT GOLDENER MILCH

Eine Tasse warme Goldene Milch ist herrlich,
um deinen Tag wohltuend zu beschließen.
Das Kultgetränk aus der Ayurveda-Küche wirkt
nicht nur entzündungshemmend und antioxidativ,
sondern schmeckt einfach himmlisch und
wärmt von innen!

FÜR EINE LECKERE GROSSE TASSE GOLDENE MILCH BENÖTIGST DU:

- 300 ml Pflanzenmilch (z. B. Mandel-, Hafer- oder Sojamilch)
- ein 3 cm dickes Stück Kurkuma (oder 1 EL gemahlenen Kurkuma)
- ein 2 cm dickes Stück Ingwer (oder ½ TL gemahlenen Ingwer)
- 1 Prise Zimt
- 1 Prise schwarzen Pfeffer

Gib die Pflanzenmilch in einen passenden Topf. Zerkleinere mit einem Stabmixer die geschälte Kurkumawurzel und den Ingwer und füge beides zur Milch hinzu. Alternativ kannst du Kurkuma und Ingwer auch in gemahlener Form verwenden. Verfeinere die Milch anschließend mit dem Zimt und Pfeffer.
Erhitze nun die Milch und lass sie wenige Minuten köcheln. Rühre dabei regelmäßig um. Abschließend kannst du deine Goldene Milch nach Belieben mit Agavendicksaft oder Honig süßen.

Was machen Sie?

Nichts.

Ich lasse das Leben

auf mich regnen.

RAHEL VARNHAGEN

TU NICHTS, ABER RICHTIG

Gönne dir immer mal wieder einen Tag oder einige Stunden, in denen du nichts tust – und zwar wirklich nichts. Schiebe alle Pflichten weit von dir, sei für niemanden erreichbar und erlaube dir ausdrücklich, untätig zu sein. Hab kein schlechtes Gewissen, dass du diese Zeit gerade nicht sinnvoll genug nutzt und „unproduktiv" bist. Mal ehrlich: Kann Zeit für dich selbst denn überhaupt unnütz sein?

Spüre deinem Atem nach, fühle deinen Herzschlag, ruhe deine Augen aus und lausche der Stille. Falls es dir leichter fällt, kannst du dir auch den Wecker auf eine Uhrzeit stellen, ab der du wieder aktiv wirst.

Manchmal verfallen wir auch in eine Art Starre, weil wir uns eigentlich so viele Dinge vorgenommen haben, aber zwischen Aktionismus und dem Bedürfnis nach einer Pause hin- und hergerissen sind. Dann brauchen wir für einfache Handgriffe Ewigkeiten und schleppen uns von Aufgabe zu Aufgabe, während wir zwischendurch sinnend aus dem Fenster oder auf das schmutzige Geschirr starren.

Auch in solchen Momenten hilft es, sich für eine Seite und vielleicht für eine Pause zu entscheiden, und sie sich in dem Fall wirklich zu gönnen. Wichtig ist dabei: Gestatte dir das Nichtstun dann auch aus vollem Herzen!

ZWÖLFTES KAPITEL

Momo kommt hin, wo die Zeit herkommt

Momo stand in dem größten Saal, den sie je gesehen hatte. Er war größer als die riesigste Kirche und die geräumigste Bahnhofshalle. Gewaltige Säulen trugen eine Decke, die man hoch droben im Halbdunkel mehr ahnte als sah. Fenster gab es keine. Das goldene Licht, das diesen unermesslichen Raum durchwebte, kam von unzähligen Kerzen, die überall aufgesteckt waren und deren Flammen so reglos brannten, als seien sie mit leuchtenden Farben gemalt und brauchten kein Wachs zu verzehren, um zu strahlen.

Das tausendfältige Schnurren und Ticken und Klingen und Schnarren, welches Momo bei ihrem Eintritt vernommen hatte, kam von unzähligen Uhren jeder Gestalt und Größe. Sie standen und lagen auf langen Tischen, in Glasvitrinen, auf goldenen Wandkonsolen und in endlosen Regalen.

Da gab es winzige edelsteinverzierte Taschenührchen, gewöhnliche Blechwecker, Sanduhren, Spieluhren mit tanzenden Püppchen darauf, Sonnenuhren, Uhren aus Holz und Uhren aus Stein, gläserne Uhren und Uhren, die durch einen plätschernden Wasserstrahl getrieben wurden. Und an den Wänden hingen alle Sorten von Kuckucksuhren und anderen Uhren mit Gewichten und schwingenden Perpendikeln, manche, die langsam und gravitätisch gingen, und andere, deren winzige Perpendikelchen emsig hin und her zappelten. In Höhe des ersten Stockwerks lief ein Rundgang um den ganzen Saal, zu dem eine Wendeltreppe emporführte.

Noch höher droben war ein zweiter Rundgang, darüber noch einer und noch einer. Und überall hingen, lagen und standen Uhren. Da gab es auch Weltzeituhren in Kugelform, welche die Zeit für jeden Punkt der Erde anzeigten, und kleine und große Planetarien mit Sonne, Mond und Sternen. In der Mitte des Saales erhob sich ein ganzer Wald von Standuhren,

ein Uhr-Wald sozusagen, angefangen von gewöhnlichen Zimmerstanduhren bis hinauf zu richtigen Turmuhren. Ununterbrochen schlug oder klingelte irgendwo ein Spielwerk, denn von allen diesen Uhren zeigte jede eine andere Zeit an. Aber es war kein unangenehmer Lärm, der dadurch entstand, sondern es war ein gleichmäßiges, summendes Rauschen wie in einem Sommerwald.

Momo ging umher und betrachtete mit großen Augen all die Seltsamkeiten. Sie stand gerade vor einer reichverzierten Spieluhr, auf der zwei winzige Figuren, ein Frauchen und ein Männchen, einander zum Tanz die Hand reichten. Eben wollte sie ihnen mit dem Finger einen kleinen Stups geben, um zu sehen, ob sie sich dadurch bewegen würden, als sie plötzlich eine freundliche Stimme sagen hörte: „Ah, da bist du ja wieder, Kassiopeia! Hast du mir denn die kleine Momo nicht mitgebracht?“

Das Kind drehte sich um und sah in einer Gasse zwischen den Standuhren einen zierlichen alten Herrn mit silberweißem Haar, der sich niederbückte und die Schildkröte anblickte, die vor ihm auf dem Boden saß. Er trug eine lange goldbestickte Jacke, blauseidene Kniehosen, weiße Strümpfe und Schuhe mit großen Goldschnallen darauf. An den Handgelenken und am Hals kamen Spitzen aus der Jacke hervor, und sein silberweißes Haar war am Hinterkopf zu einem kleinen Zopf geflochten. Momo hatte eine solche Tracht noch nie gesehen, aber jemand, der weniger unwissend gewesen wäre als sie, hätte sofort erkannt, dass es eine Mode war, die man vor zweihundert Jahren getragen hatte.

„Was sagst du?“, fuhr jetzt der alte Herr – noch immer zur Schildkröte gebeugt – fort, „sie ist schon da? Wo ist sie denn?“ Er zog eine kleine Brille hervor, ähnlich der, die der alte Beppo hatte, nur war diese aus Gold, und blickte sich suchend um. „Hier bin ich!“, rief Momo.

Der alte Herr kam mit erfreutem Lächeln und ausgestreckten Händen auf sie zu. Und während er das tat, schien es Momo, als ob er mit jedem Schritt, den er näherkam, immer jünger und jünger wurde. Als er schließlich vor ihr stand, ihre beiden Hände ergriff und herzlich schüttelte, sah er kaum älter aus als Momo selbst.
„Willkommen!", rief er vergnügt. „Herzlich willkommen im Nirgend-Haus. Gestatte, kleine Momo, dass ich mich dir vorstelle. Ich bin Meister Hora – Secundus Minutius Hora."
„Hast du mich wirklich erwartet?", fragte Momo erstaunt. „Aber gewiss doch! Ich habe dir doch eigens meine Schildkröte Kassiopeia geschickt, um dich abzuholen."
Er zog eine flache, diamantenbesetzte Taschenuhr aus der Weste und ließ deren Deckel aufspringen.
„Du bist sogar ungewöhnlich pünktlich gekommen", stellte er lächelnd fest und hielt ihr die Uhr hin. Momo sah, dass auf dem Zifferblatt weder Zeiger noch Zahlen waren, sondern nur zwei feine, feine Spiralen, die in entgegengesetzter Richtung übereinanderlagen und sich langsam drehten. An den Stellen, wo die Linien sich überschnitten, leuchteten manchmal winzige Pünktchen auf.
„Dies", sagte Meister Hora, „ist eine Sternstunden-Uhr. Sie zeigt zuverlässig die seltenen Sternstunden an und jetzt eben hat eine solche angefangen."
„Was ist denn eine Sternstunde?", fragte Momo. „Nun, es gibt manchmal im Lauf der Welt besondere Augenblicke", erklärte Meister Hora, „wo es sich ergibt, dass alle Dinge und Wesen, bis zu den fernsten Sternen hinauf, in ganz einmaliger Weise zusammenwirken, so dass etwas geschehen kann, was weder vorher noch nachher je möglich wäre. Leider verstehen die Menschen sich im Allgemeinen nicht darauf, sie zu nützen, und so gehen die Sternstunden oft unbemerkt vorüber. Aber wenn es jemanden gibt, der sie erkennt, dann geschehen große Dinge auf der Welt."

MICHAEL ENDE

KRAFT AUS DEM STERNENHIMMEL

Wird dir von Zeit zu Zeit alles zu viel? Du fühlst dich unausgeglichen und kommst nicht so richtig zur Ruhe? Da hilft manchmal nur ein langer Blick in den (Nacht-)Himmel. Die Sterne funkeln und erzählen uns Geschichten von der Ewigkeit. Stell dir vor, welche weite Reise sie in so langer Zeit bereits hinter sich gebracht haben, wenn du sie am Himmel aufblinken siehst. Nimm dir Zeit, den Sternenhimmel in aller Ruhe zu betrachten und die blinkenden Boten auf dich wirken zu lassen. Mit einem bequemen Stuhl oder einer warmen Decke lässt sich der Sternenhimmel fernab von Städten und anderen Lichtquellen am schönsten genießen.

Auch am Tag kannst du den Himmel jederzeit ausgiebig betrachten. Sieh die vorbeiziehenden Wolken, genieße das wechselnde Blau und spüre, wie deine Seele zur Ruhe kommt.

Der Blick nach oben erinnert uns immer wieder daran, dass wir alle ein kleiner Teil eines großen Ganzen sind, und manche Probleme werden plötzlich ganz, ganz klein ...
Ist das nicht ein tröstlicher Gedanke?

Überall hat man
den *Himmel*
über sich.

FRANCESCO PETRARCA

Alle Dinge

haben im Rücken das Dunkle

und streben nach dem Licht,

und die strömende Kraft

gibt ihnen Harmonie.

LAOTSE

Die Glühwürmchen und die Sterne

Zur Zeit der Abenddämmerung saßen drei oder vier Glühwürmchen in einer Wiese unter den Kräutern und Blumen, und man sah, wie sie geheimnisvoll die Köpfe zusammensteckten, emsig hin und her krochen und sich eifrig besprachen, sodass man glauben musste, es sei etwas sehr Wichtiges im Gange.

Als nun die Nacht auf die Felder und Fluren herniedersank und die Sterne am Himmel erglänzten, da erklommen sie einen hohen Grashalm und sprachen zu den Sternen:

„Ihr lieben Sternlein! Ihr müsst gewiss sehr müde sein von eurem allnächtlichen Wachen, drum geht einmal ohne Sorgen schlafen, wir wollen indes die Erde für euch beleuchten."

Die Sternlein lächelten einander an und verbargen sich zum Spaße hinter kleinen Wolken; die Glühwürmchen aber glänzten die ganze Nacht hindurch aus allen Leibeskräften, und am Morgen meinten die guten Tierlein, sie hätten die Erde erleuchtet.

GOTTFRIED KELLER

DER DUFT VON FRISCHEM REGEN

Lässt dir gerade in der kalten Jahreszeit der Blick in einen trüben und wolkenverhangenen Himmel die Lust auf frische Luft vergehen? Doch gerade in diesen Momenten tut es gut, vor die Tür zu gehen. (In Irland oder anderen regengeplagten Ländern spannt niemand überhaupt erst einen Schirm auf, wenn der mehrmals täglich wiederkehrende Nieselregen einsetzt.)

Packe dich in warme Klamotten ein, schnüre das richtige Schuhwerk und wage dich nach draußen. Genieße während oder nach einem Regenguss den Geruch von nassem Laub und Gras, sieh, wie die Wassertropfen auf den Oberflächen perlen, und spüre die aufgeweichte Erde unter deinen Füßen. Schau dich um, wie der Regen alles reinwäscht und die Farben noch viel intensiver hervortreten lässt. Atme tief durch und lass frische Luft in deine Lungen hinein. Wonach riecht es? Wenn es kalt ist, beobachte, wie dein Atem in der Luft Wölkchen bildet.

Wenn du dann nach einem erfrischenden Spaziergang wieder nach Hause kommst, kannst du es noch mehr genießen, bei einem warmen Getränk die Füße hochzulegen.

Abends ging ich hinaus

in die Dunkelheit,

da sah ich einen

schimmernden Stern und

hörte einen Frosch quaken.

Die Natur

schien zu sagen:

Nun? Ist das nicht genug?

RALPH WALDO EMERSON

Jeden Frühling wünsche ich mir das Gleiche

Einen Sommer lang lief es. Einen Sommer lang saßen wir am Fluss, Leute, die gerade vor einer Stunde ihre Arbeit beendet hatten, Leute, die für Prüfungen lernten, Leute, die heute noch kellnern mussten, Dachdecker, Pressesprecher, Filialleiter. Der Exfreund einer Frau, mit der ich um drei Ecken bekannt war, die Freundin einer Freundin von Markus, irgendjemand schleppte immer noch jemand anderen mit, und ich wusste manchmal mehr über die Picknickdecken als über die Leute selbst. Die grüne, blumenbedruckte mit dem riesigen Rotweinfleck, die mit den indisch anmutenden Mustern, auf die ich Wachs gekleckert hatte, die flauschige, blaue, auf der ich gerne lag, wenn es abends kühler wurde und die anderen Decken sich schon feucht anfühlten. Ich war fast schon traurig, wenn ich eine frischgewaschene Decke sah, die ihr Gesicht verloren hatte.

Einen Sommer lang lief es. Da war immer jemand, der einen Salat mitgebracht hatte, Würstchen, Brot oder Tomaten, da war immer jemand, der noch mal an den Kiosk fuhr und vorher Bestellungen entgegennahm, aber niemals Geld. Da war immer jemand, der Kerzen mithatte oder Räucherstäbchen, eine Kühlbox, eine Frisbee, da war immer jemand, der trockenes Holz suchte. Es fiel jedem leicht, irgendetwas zu tun. Heute lag man vielleicht auf der faulen Haut, unterhielt sich, nahm, was kam. Und morgen brachte man vier Flaschen Wein mit, einen Gettoblaster und einen Volleyball und kümmerte sich ganz alleine um das Feuer.

Es war immer der eine oder andere Unbekannte dabei, aber man konnte davon ausgehen, dass er ein angenehmer Mensch war – jemand, den man mochte und schätzte, hatte ihn wahrscheinlich mitgebracht. Man konnte nebeneinandersitzen und plaudern mit einer Leichtigkeit, die nicht nur an dieser weichen Luft lag.

Es war so herrlich entspannt und einfach, bei gutem Wetter rief man die paar, die man gut kannte, an, und die riefen wiederum andere an, und bald schon lagen fünfzehn, zwanzig Menschen auf Decken am Fluss, tranken und unterhielten sich. Später fuhr ich mit dem Rad nach Hause und feierte mit jemandem, wie gut es heute wieder gewesen war. Es gab ruhige Abende und Abende voller Gelächter und Bauchweh und Tränen in den Augen. Was zählte, war die Stimmung und dass wir beisammensaßen. Morgens nach dem Duschen hatte ich oft genug das Gefühl, noch nach dem Rauch des Feuers zu riechen, mein Lieblingsgeruch für dieses Jahr. Einen Sommer lang lief es. Der eine oder andere verschwand für eine Woche oder zwei, Urlaub irgendwo, dann war er wieder da. Einen Sommer lang war alles ganz einfach, und manchmal fragte ich mich, ob wir uns was vormachten oder ob es genau darum ging, Menschen am Fluss, vereint durch Picknickdecken, Gespräche und den Wunsch, die Tage zu genießen.

Was war mit unseren Problemen, mit den Streitigkeiten, mit unseren Wünschen, die uns erdrückten, wenn wir alleine waren. Was war mit den Weckern, die morgens klingelten, mit den unerträglichen Kollegen, mit den Geldsorgen und den heftigen Auseinandersetzungen, mit den Prüfungen und den verblödeten Kunden, was war damit. Was war mit all denen, die keine Stelle am Fluss hatten und niemand, der Getränke holen ging, und womöglich nicht mal ein Bett oder ein Dach über dem Kopf. Was war mit der ganzen Welt. Wir saßen zusammen, aber es änderte sich nichts, die Erde drehte sich mit der gleichen Geschwindigkeit wie immer. Strahlten wir Frieden aus? Und wenn ja, wohin?

Einen Sommer lang lief es. Wir waren eine Familie. Vielleicht geht es doch darum.

SELIM ÖZDOGAN

Die *Welt* ist schön,

weil man immer wieder

Neues entdeckt,

wofür man *danken* kann,

worüber man sich

freuen darf.

ADALBERT LUDWIG BALLING

ETWAS NEUES PROBIEREN

Es ist erwiesen, dass Hormone uns mit Glücksgefühlen erfüllen, wenn wir etwas Neues erleben. Als Kinder sind wir sehr viel neugieriger und erleben ständig neue erste Male – erinnerst du dich noch, wie angenehm aufregend das war? Wie wäre es also, etwas zu tun, das du noch nie zuvor gemacht hast? Ist es eine Sportart, Handarbeit, ein Musikinstrument oder eine Fremdsprache? Vielleicht hast du schon lange einmal Lust, Rezepte einer anderen Kultur nachzukochen. Ein Buch zu lesen oder einen Podcast zu hören zu einem Thema, von dem du absolut keine Ahnung hast.

Schon winzige Veränderungen können deinen Alltag bunter machen. Du könntest beim Spazierengehen einen neuen Weg einschlagen oder den Zufall entscheiden lassen und bei Abzweigungen abwechselnd nach links und nach rechts abbiegen. Vielleicht möchtest du deinen ersten Kaffee am weit geöffneten Fenster genießen und so den Tag begrüßen. Was könntest du noch ausprobieren?

Wir sollten niemals damit aufhören, Neues zu tun und zu erleben! Du wirst daran wachsen und spüren, wie du dir selbst Glücksmomente schaffst.

DEINE EIGENE RUHE-OASE

Nimm dir Zeit, um dir deinen ganz persönlichen Wohlfühlort zu schaffen. Ein Plätzchen zu Hause, das du ganz nach deinen eigenen Bedürfnissen gestaltest und an dem du dich rundum wohlfühlst.
Was brauchst du, um nach einem anstrengenden Tag aufzutanken? Einen Tisch zum Schreiben, Basteln und Nähen, eine Staffelei am Fenster oder eine kuschelige Ecke mit einem gemütlichen Lesesessel?
Wie könntest du deinen Wohlfühlort noch einladender machen? Eine neue Wandfarbe? Kerzenständer und weiche Kissen? Falls dein Rückzugsort kein abgeschlossener Raum ist, den du für dich allein hast, kannst du ihn mit einem Raumteiler oder einem Paravent für dich abgrenzen?
Umgib dich mit Dingen, die eine persönliche Bedeutung für dich haben: Fotos oder Reisemitbringsel, ein Gedicht, ein Lebensmotto oder ein selbst gemaltes Bild.
Egal, ob es nur eine Ecke ist oder ein ganzes Zimmer: Dieser Ort gehört nur dir. Gestalte ihn nach Lust und Laune immer wieder neu: Stelle einen blühenden Ast in eine Vase, sammle Moos und Steine oder kauf dir frische Blumen.
Verbringe jeden Tag ein bisschen Zeit an deinem „Kraftort“. Mache ihn zu deiner Insel im Alltag, zu einem Ort, den du mit positiven Gefühlen verbindest.

Wir müssen
von *Zeit zu Zeit*
eine *Rast* einlegen und warten,
bis unsere *Seelen*
uns wieder *eingeholt* haben.

SPRICHWORT DER NATIVE AMERICANS

Am Meer

Wir waren eine Woche bei meinem Onkel in Beirut. Eine wunderschöne Stadt. Ich liebe das Meer. Meine Mutter hat fürchterliche Angst davor. Sie verbot mir, ans Wasser zu gehen, aber das Haus meines Onkels war so nahe, und das Meer ist eine einzige Verlockung.
Als ich das erste Mal vom Strand zurückkam, schrie mich meine Mutter an, weil ich sie angeflunkert hatte, ich sei im Park gewesen. Mein sonnenverbranntes Gesicht hatte mich verraten, und so gab es keinen Nachtisch für mich. Am nächsten Tag zog es mich wieder zum Meer, aber ich blieb im Schatten. Als ich zurückkam und fröhlich vom Park erzählte, befahl meine Mutter: „Zieh deine Schuhe aus“, und sie klopfte den Sand heraus. Ich verlor meinen zweiten Nachtisch. In der Nacht beschloss ich, nicht mehr zum Meer zu gehen, aber als ich am nächsten Morgen aufwachte, hörte ich das Rauschen der Wellen und eilte wieder hinaus. Diesmal beschloss ich, meine Mutter zu überlisten. Ich spielte im Wasser und rannte immer wieder in den Schatten. Bevor ich das Haus meines Onkels betrat, klopfte ich meine Schuhe so lange, bis kein Körnchen Sand mehr drin war, und ging mit einem Lächeln hinein.
„Was für ein schöner Park“, rief ich meiner Mutter herausfordernd zu. Sie schaute mich prüfend an, und ich schwärmte noch mehr von der Schönheit des Gartens. Ich lachte innerlich, als sie meine Schuhe ausklopfte. Da sagte sie: „Komm her!“ Sie nahm meinen Arm und leckte daran. „Du warst am Meer. Nur Meersalz schmeckt so!“ Aber merkwürdigerweise gab sie mir an jenem Tag eine doppelte Portion Vanilleeis.

RAFIK SCHAMI

Zeit

ist die wichtigste Zutat

im Rezept des Lebens.

CHARLES DARWIN

KÖSTLICHES APFELDESSERT IM GLAS

DU BRAUCHST FÜR ZWEI PORTIONEN:

- 2 mittelgroße Äpfel
- 40 ml Wasser
- 100 g Zucker
- 1 Päckchen Vanillezucker
- 30 g Butter oder Margarine
- 50 g Paniermehl
- 100 ml Schlagsahne

SO BEREITEST DU DAS DESSERT ZU:

Zunächst schälst du die Äpfel und schneidest sie in kleine Stücke. Koche sie bei geringer Hitze zusammen mit dem Wasser, der Hälfte des Zuckers und dem Vanillezucker in einem zugedeckten Topf weich. Nimm den Topf dann vom Herd und lass das Kompott abkühlen.

Unterdessen mischst du das Paniermehl mit dem restlichen Zucker. In einer Pfanne lässt du die Butter schmelzen und röstest die Mischung unter Rühren hellbraun an. Die Mischung lässt du ebenfalls abkühlen. Stelle zwei schöne Gläser bereit und schichte abwechselnd die Paniermehlmischung und das Apfelkompott übereinander.

Zum Schluss schlägst du die Sahne steif und gibst sie als letzte Schicht über das Apfeldessert. Lass die Gläser vor dem Servieren eine Stunde im Kühlschrank kühlen.

Die *Langsamkeit*

bietet die *Chance,* das, was wir tun,

auch zu *erleben.*

HENRIETTE WILHELMINE HANKE

GÖNNE DIR EINEN „LANGSAM-TAG“

Hast du schon einmal eine Schildkröte oder eine Schnecke länger betrachtet? Sie bewegen sich in ganz ruhigem, aber stetigem Tempo und strahlen eine ruhige Gelassenheit aus bei allem, was sie tun. Mach es ihnen einfach einmal nach: Wenn du Dinge langsam tust, wirst du auf ganz wunderbare Weise Ruhe und Entspannung empfinden. Erlaube dir einmal, deine alltäglichen Abläufe langsam auszuführen und dir für jeden Handgriff bewusst mehr Zeit zu nehmen. Du könntest versuchen, heute einmal nicht durch die Gegend zu eilen, um schnell irgendwo anzukommen, sondern ganz bewusst einen Fuß vor den anderen zu setzen. Nimm dir Zeit, dein Essen Bissen für Bissen zu genießen und tu nebenher nichts anderes. Jede deiner Tätigkeiten ist es wert, mit voller Konzentration ausgeführt zu werden.
Wenn dir das über einen längeren Zeitraum zunächst schwerfällt und es dich eher kribbelig macht, kannst du es einfach erst einmal mit einer kürzeren, abgesteckten Zeitspanne versuchen, wie zum Beispiel mit 20 Minuten Langsam-Zeit. Dann kannst du ausprobieren, ob du diese Zeit nach und nach steigern und schließlich immer mal wieder für ein paar Stunden das Tempo aus deinem Tun nehmen kannst.

Spürst du, wie deine Gedanken ruhiger werden und du dich mit dieser beruhigenden Routine besser entspannen kannst – und sogar Kleinigkeiten, die sonst in der Hektik nicht in deinen Blick fallen, noch mehr zu schätzen lernst?

Drei Begegnungen

Einmal war ich länger als gewöhnlich ausgeblieben; es war mir ziemlich viel Wild in den Schuss gekommen und auch das Wetter war für die Jagd ganz vorzüglich – schon vom frühen Morgen an still, grau, gleichsam abendlich. Ich war weit abgekommen und es war nicht nur ganz dunkel geworden, sondern auch der Mond schon aufgestiegen; die Nacht stand bereits am ganzen Himmel, als ich den bekannten Landsitz erreichte. Ich musste längs dem Garten vorbei ... Rings umher herrschte Stille ... Ich schritt über den breiten Weg, arbeitete mich vorsichtig durch die staubbedeckten Nesseln hindurch und lehnte mich an den niedrigen Zaun.

Regungslos lag vor mir der kleine Garten, ganz vom Silberglanze des Mondes beleuchtet und gleichsam zur Ruhe gebracht – in vollem Dufte und Safte; er bestand, nach alter Art, aus einem länglichen Grasplatze. Nach der Schnur gezogene Wege liefen in dem Mittelpunkte desselben in ein rundes, mit Astern dicht bewachsenes Beet zusammen; hohe Linden umstanden sie wie eine gleichmäßige Einfassung. Nur an einer Stelle war diese Einfassung durch eine zwei Klafter breite Öffnung unterbrochen, durch welche ein Teil eines niedrigen Häuschens mit zwei, zu meinem Erstaunen erleuchteten Fenstern sichtbar war. Junge Apfelbäume ragten hin und wieder auf der Fläche empor; durch das lichte Gezweige derselben blickte das Blau des nächtlichen Himmels sanft hervor und streifte der schlummerbringende Mondschein hindurch; vor jedem der Apfelbäume lag auf dem weißlich glänzenden Gras sein schwach durchbrochenes Schattenbild.

Auf der einen Seite des Gartens zeigten die vom bleichen, aber hellen Mondlicht umflossenen Linden ein undeutliches Grün; auf der anderen standen sie ganz schwarz und undurchsichtig da; ein sonderbares, verhaltenes Geräusch ließ sich von Zeit zu Zeit in ihrem dichten Laub vernehmen; es war wie eine Einladung, die unter ihnen sich verlaufenden Wege zu betreten, wie ein Locken unter ihr schattiges Dach. Der ganze Himmel war mit Sternen besät; geheimnisvoll floss aus der Höhe ihr mildes, bläuliches Licht herüber; es war, als schauten sie in stiller Betrachtung auf die ferne Erde herab. Kleine, feine Wolken zogen von Zeit zu Zeit über den Mond hin und verwandelten auf Augenblicke seinen ruhigen Glanz in unbestimmten, durchsichtigen Nebel …

Alles schlummerte. Die Luft, warm und duftgeschwängert, war regungslos; ab und zu durchflog sie ein Zittern, wie das Zittern des Wassers, das von dem Fall eines Zweiges berührt wird … Man fühlte ein Sehnen, eine Art Durst in dieser warmen Luft … Ich beugte mich über den Zaun: Vor mir streckte ein wilder roter Mohn aus dichtem Gras seinen schlanken Stengel hervor: Ein großer runder Tropfen nächtlichen Taus glänzte in dunklem Schimmer auf dem Grund der geöffneten Krone. Alles umher war wie in sich selbst versunken; alles schien hingestreckt, unbeweglich und erwartungsvoll den Blick nach oben gerichtet zu haben … Worauf harrte diese blaue, träumende Nacht? Auf einen Laut, auf eine lebende Stimme harrte diese lauschende Stille – es schwieg aber alles. Die Nachtigallen hatten schon lange aufgehört zu schlagen … und das plötzliche Summen eines vorüberfliegenden Käfers, das leichte Plätschern der kleinen Fische im Fischbehälter hinter den Linden am Ende des Gartens, das schlaftrunkene Pfeifen eines erwachenden Vogels, ein ferner Laut im Feld, so fern, dass kein Ohr unterscheiden konnte, ob ihn Mensch, Wild oder Vogel hervorbrachte, der kurze, rasche Trab auf dem Wege: Alle diese schwachen Laute, dieses Geräusch machten die Stille nur noch fühlbarer …

IWAN TURGENJEW

Kein *Genuss*
ist vorübergehend:
Denn der *Eindruck,*
den er zurücklässt,
ist bleibend.

JOHANN WOLFGANG VON GOETHE

AUSZEIT MIT DALGONA COFFEE

Für diesen leckeren Kaffee brauchst du nicht mal eine Kaffeemaschine! Zwar handelt es sich um kalten Kaffee, Dalgona Coffee ist aber alles andere als altbacken, sondern ziemlich in. Zudem macht er nicht nur garantiert wach, sondern ist auch ein Schmaus fürs Auge.

SO BEREITEST DU IHN GANZ EINFACH ZU:

Verrühre 2 TL heißes Wasser, 2 TL lösliches Instant-Kaffeepulver und 2 TL Zucker mit einem elektrischen Rührgerät, bis eine fluffige, hellbraune Creme entsteht.

Gib dann 200 ml kalte Milch in ein hohes, schönes Glas und füge nach Belieben zwei Eiswürfel hinzu. Lass anschließend die Kaffeecreme langsam und vorsichtig auf die Milch fließen.
Zum Garnieren kannst du noch Kakao darüberstreuen.
Und jetzt: langsam genießen!

Der aufmerksame Beobachter

Einmal kam einem Mann ein Kamel aus seiner Herde abhanden. Als er auszog, um es zu suchen, holte er in der Steppe einen Reiter ein. Sie begrüßten einander und steckten sich ihre Pfeifchen an.

„Ich habe ein Kamel verloren“, klagte der Mann. „Hast du es nicht gesehen?“ „Ist dein Kamel auf dem linken Auge blind, und fehlen ihm die Vorderzähne?“ „Jaja!“, rief der Mann froh. „Wo ist es denn?“ „Ich weiß nicht, wo dein Kamel ist, ich sah nur gestern seine Spuren.“

Der Besitzer des Kamels aber glaubte dem Reiter nicht, sondern beschuldigte ihn, es gestohlen zu haben, und führte ihn vor den Richter. Der fremde Mann sagte zum Richter: „Ich kann noch mehr über das Kamel sagen und habe es doch nicht gesehen.“ „Nun, so sprich!“ „Auf der einen Seite trug es ein Fässchen mit Honig, auf der anderen einen prallen Sack Weizen.“ „Jaja, er ist der Dieb!“, rief der Besitzer des Kamels. Sogar der Richter glaubte das jetzt, doch fragte er den Angeklagten lieber noch einmal: „Hast du das Kamel gesehen?“ „Nein.“ „Woher aber weißt du das alles?“ „Nun, dass das Kamel auf dem linken Auge blind ist, sah ich daran, dass nur rechts von seinem Weg Gras abgefressen war.“ „Und woher weißt du, dass es keine Vorderzähne hat?“ „Beim Grasen blieben in der Mitte immer einige Büschel der schmackhaften Disteln stehen.“ „So – und nun sag uns noch, woher du weißt, dass das Kamel Honig und Weizen trug?“ „Ganz einfach – auf der einen Seite des Weges saßen die Fliegen auf den Honigtropfen, und auf der anderen hüpften die Spatzen und suchten Weizenkörner.“ „Ja, wenn das so war, dann glauben wir dir!“, riefen der Richter und der Kamelbesitzer, und sie gaben sich zufrieden.

VERFASSER UNBEKANNT

Alle Menschen und Dinge

haben ihre besondere *Perspektive.*

Manche muss man

aus der *Nähe* sehen,

um sie *beurteilen* zu können.

FRANÇOIS DE LA ROCHEFOUCAULD

KREATIV GEGEN DAS GEDANKENKARUSSELL

Kennst du das? Du hast dir endlich Zeit für dich selbst freigeschaufelt und möchtest jetzt nichts weiter tun, als dich zu entspannen? Doch deine Gedanken galoppieren immer wieder in die eine oder andere Richtung davon und es fallen dir plötzlich tausend Dinge ein, die noch eilig zu erledigen sind oder die dir Sorgen bereiten.

Die Gedanken bewusst ins Hier und Jetzt zu lenken, gelingt mit etwas Übung zum Beispiel durch Meditation. Doch es gibt auch einen anderen, praktischen Weg, mit dem du ganz einfach aus deinen Grübeleien ausbrechen kannst:
Beschäftige dich mit deinen Händen. Körperliche Betätigung hilft ungemein, das Gedankenkarussell in deinem Kopf zu bremsen. Was für ein Projekt könntest du dir vornehmen, das du mit den Händen tun kannst? Möchtest du den Balkon neu bepflanzen, schon länger ein bestimmtes kompliziertes Gericht nachkochen oder endlich einen Schal für den nächsten Winter zu stricken beginnen? Wähle etwas, bei dem alle deine Sinne beschäftigt sind, worauf du Lust hast und auf das du dich konzentrieren kannst. Und du wirst spüren, wie du auf einmal ganz im Hier und Jetzt ankommst und die Gedanken wie weggeblasen sind.

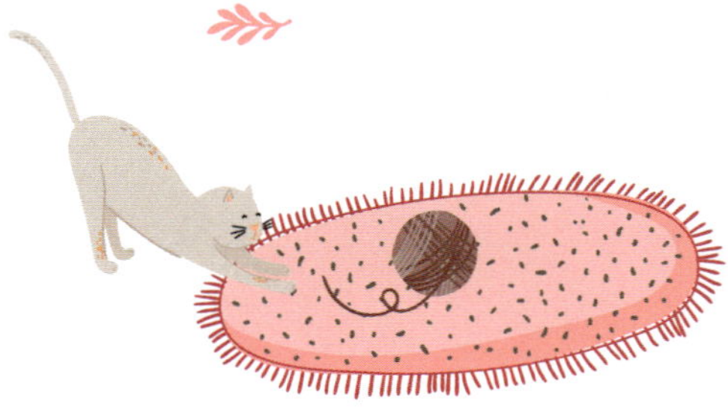

Das ist eines

der Geheimnisse des Lebens:

**die Seele
durch die Sinne zu heilen
und die Sinne
durch die Seele.**

OSCAR WILDE

Die Wolke und die Düne

Inmitten eines großen Sturmes über dem Mittelmeer wurde einst eine Wolke geboren. Sie hatte keine Zeit zu wachsen, denn ein starker Wind schob sie zusammen mit vielen anderen Wolken in Richtung Afrika.
Kaum waren sie über dem afrikanischen Kontinent, veränderte sich das Klima. Die Sonne brannte auf die Wolken herab, und unter ihnen erstreckte sich der goldene Sand der Sahara. Da es in der Wüste fast nie regnet, schob der Wind die Wolken weiter in Richtung der südlich gelegenen Waldzonen.
Doch wie die Menschenkinder wollte auch die junge Wolke die Welt auf eigene Faust kennenlernen und löste sich von ihren Eltern und alten Freunden.
„Was machst du da!“, schalt sie der Wind. „Die Wüste ist überall gleich! Komm zu uns zurück, wir sind auf dem Weg in die Mitte Afrikas, wo es Berge und herrliche Bäume gibt.“ Doch die junge Wolke, die von Natur aus aufmüpfig war, gehorchte nicht: Ganz allmählich ließ sie sich hinabsinken, bis sie auf einer sanften Brise dicht über dem goldenen Sand schwebte. Nachdem sie lange herumgezogen war, bemerkte sie, dass eine Düne sie anlächelte.
Auch die Düne war jung, erst kürzlich vom Wind gebildet, der gerade vorübergeweht war. Augenblicklich verliebte sich die Wolke in deren goldenes Haar. „Guten Tag“, sagte sie. „Wie ist das Leben so da unten?“ „Die anderen Dünen, die Sonne, der Wind und die Karawanen, die hin und wieder hier entlangkommen, leisten mir Gesellschaft. Manchmal ist es sehr heiß, aber es ist auszuhalten. Und wie ist es, dort oben zu leben?“ „Hier gibt es auch Wind und Sonne, aber der Vorteil ist, dass ich am Himmel umherziehen und viele Dinge kennenlernen kann.“
„Mein Leben ist kurz“, sagte die Düne. „Wenn der Wind aus den Wäldern zurückkehrt, werde ich verschwinden.“
„Macht dich das nicht traurig?“
„Es gibt mir das Gefühl, zu nichts nutze zu sein.“ „Mir geht es auch so. Sobald ein neuer Wind kommt, werde ich in den Süden ziehen und mich in Regen verwandeln. Aber das ist mein Schicksal.“

Die Düne zögerte ein wenig, sagte dann aber: „Wusstest du, dass wir hier in der Wüste den Regen das Paradies nennen?“ „Ich wusste nicht, dass ich mich in etwas so Wunderschönes verwandeln kann“, sagte die Wolke. „Die alten Dünen kennen viele Legenden. Sie erzählen, dass wir nach dem Regen mit Kräutern und Blumen übersät sind. Aber ich werde das wohl nie erleben, da es in der Wüste nur sehr selten regnet.“

Nun zögerte die Wolke, lächelte dann jedoch: „Wenn du willst, kann ich dich mit Regen bedecken. Ich bin zwar gerade erst angekommen, doch ich habe mich in dich verliebt und würde gern für immer hierbleiben.“ „Als ich dich am Himmel sah, habe ich mich ebenfalls in dich verliebt“, sagte die Düne. „Doch wenn du dein schönes weißes Haar in Regen verwandelst, stirbst du.“

„Die Liebe stirbt nie“, sagte die Wolke. „Sie verändert sich. Ich möchte dir das Paradies zeigen.“ Und sie begann, die Düne mit kleinen Tropfen zu liebkosen, bis ein Regenbogen erschien.

Am nächsten Tag war die kleine Düne mit Blumen übersät. Andere Wolken, die ebenfalls zur Mitte Afrikas zogen, vermeinten, einen Teil der Wälder zu sehen, die sie suchten, und ließen Regen fallen. Zwanzig Jahre darauf war aus der Düne eine Oase geworden, welche die Reisenden mit dem Schatten ihrer Bäume erfrischte.

PAULO COELHO

DEINE INNEREN KRAFTQUELLEN

Jeder Mensch hat seine eigenen Quellen, die ihn mit Freude, Energie und Kraft versorgen. Die einen ziehen Kraft aus ihrer Lieblingsmusik, andere gehen lange durch den Wald spazieren, wieder andere sitzen glücklich über der Nähmaschine und komplizierten Schnittmustern und manche brauchen einfach nur Freunde und Familie um sich herum. Wenn du weißt, aus welchen Ressourcen du deine Energie ziehst, kannst du immer dann auf sie zurückgreifen, wenn du sie brauchst. Nimm dir eine ruhige Stunde und überlege dir: Was sind meine Kraftquellen? Was treibt mich an und gibt mir Energie in meinem Leben? Was bringt meine Seele zum Leuchten? Worauf kann ich nicht verzichten?

Schreibe deine Kraftquellen gleich auf und sieh dir deine persönliche Liste immer wieder an. So verlierst du sie im Alltag nicht aus den Augen und kannst immer wieder gezielt Kraft aus ihnen schöpfen.

Der Elefant und die Lerche

Der Elefant und die Lerche waren Freunde. Die Lerche verriet dem Elefanten die schattigsten Flecken im Urwald, und der Elefant beschützte ihr Nest nachts vor den wilden Schlangen und gefräßigen Eichhörnchen.

Eines Tages sagte der Elefant zur Lerche, er beneide sie darum, fliegen zu können. Wie gern würde auch er sich in die Lüfte erheben, die Erde aus der Höhe betrachten, sich jederzeit an jedweden Ort begeben können! Aber bei seinem Gewicht ... Unmöglich!

Die Lerche sagte ihm, es sei ganz leicht. Das Geheimnis, das beispielsweise den Lerchen das Fliegen ermögliche, läge in ihren bunten Schwanzfedern. Mit einer einzigen echten Schwanzfeder und eisernem Willen könne er es schaffen. Kaum gesagt, zupfte sie sich auch schon eine Feder aus dem Schwanz und wies ihn an: „Halte diese Feder fest im Mund und bewege ganz schnell die Ohren auf und ab.“

Der Elefant tat, wie ihm geheißen. Er biss fest auf die Feder, damit er sie nicht verlöre, und wedelte kräftig mit seinen riesigen Ohren. Er bemerkte, wie er sich ganz langsam vom Boden löste und abhob. Der Elefant war glücklich, mit Leichtigkeit konnte er sich in die Lüfte schwingen und fliegen, wohin er wollte. Er besah sich die Erde von oben, beobachtete Tiere und Menschen, er überquerte den reißenden Fluss, der die Grenze sei-

nes Reichs markierte, und erforschte unbekannte Regionen. Mit einem riesigen Lächeln im Gesicht kehrte er schließlich dorthin zurück, wo er die Lerche zurückgelassen hatte.
„Du weißt gar nicht, wie dankbar ich dir für diese Zauberfeder bin“, sagte er und steckte sie sich vorsichtig hinters Ohr, um sie benutzen zu können, falls er später noch einmal fliegen wollte.
Die Lerche antwortete: „Och, eigentlich hättest du die Feder gar nicht gebraucht. Und mir wäre sie sowieso bald ausgefallen, weil sie ein bisschen locker war. Aber ich musste dir ja etwas geben, damit du deinen Wunsch nicht für unmöglich hältst, und da ist sie mir in den Sinn gekommen. Jetzt weißt du Bescheid. Dein Wunsch hat den Zauber bewirkt, und zum Fliegen gebracht hat dich die Kraft, die du ins Ohrenwackeln gesteckt hast.“

JORGE BUCAY

DER HIMMEL IN DER WANNE

Gibt es etwas Schöneres, als voller Vorfreude den großen Zeh in das duftende, dampfende Wasser der Badewanne einzutauchen? Ein heißes Bad in vollkommener Ruhe ist purer Luxus, den du dir immer mal wieder gönnen kannst. Genieße deine Wellness-Zeit und gönn dir ein pflegendes Vanille-Schaumbad mit selbst gemachtem Badezusatz.
Zelebriere schon die Vorbereitung: Während das Wasser einläuft, lege dir weiche Handtücher, Bademantel und flauschige Kleidung für danach zurecht. Auch ein erfrischendes Getränk und ein kleiner Snack tun gut. Vielleicht möchtest du außerdem entspannende Musik oder ein Buch für deine Wohlfühlzeit vorbereiten? Für ein weiches Licht kannst du Kerzen im Bad aufstellen.

Ein selbst gemachtes Schaumbad kannst du im Vorfeld vorbereiten:

Mische das Mark einer Vanilleschote mit 150 ml flüssiger, duftneutraler Seife, 30 g Mandelöl, 30 g Glycerin (aus der Apotheke) und 2 EL flüssigem Honig. Wenn du magst, gib noch zwei Tropfen ätherisches Öl mit Vanille oder Kardamom hinzu.

Bewahre den Badezusatz in einem sauberen Gefäß auf. Ins laufende Badewasser hinzugeben und genießen ...

In uns selbst
liegen die Sterne
unseres Glücks.

HEINRICH HEINE

Parabel zur Stille

Viele Menschen suchten Rat bei einem berühmten Einsiedler. Sie wollten von ihm wissen: „Was ist für dich der Sinn eines Lebens in der Stille?“

Der Einsiedler schöpfte gerade Wasser aus einer tiefen Zisterne. Er hielt inne und sprach dann: „Schaut in die Zisterne. Was seht ihr?“

Die Besucher blickten hinunter und schüttelten nach einem Moment den Kopf: „Wir sehen nichts.“

Der Einsiedler ließ sich Zeit, dann forderte er die Leute erneut auf: „Schaut in die Zisterne. Was seht ihr?“

„Jetzt sehen wir uns selbst!“, antworteten sie erstaunt.

„Als ich vorhin Wasser schöpfte“, erklärte der Einsiedler, „war das Wasser unruhig und ihr konntet nichts erkennen. Jetzt ist das Wasser ruhig und man sieht sich selber. Das lehrt die Stille.“

SEELEN-ESSEN: ZIMTSCHNECKEN

Zimt ist ein Seelentröster und dazu noch gesund. Grund genug, um sich mit dem Duft frisch gebackener Zimtschnecken zu verwöhnen. Dafür benötigst du etwas Zeit, aber die Mühe lohnt sich bestimmt!

FÜR DIE ZIMTSCHNECKEN BENÖTIGST DU:

FÜR DEN HEFETEIG:
- 500 g Mehl
- 1 Würfel Hefe
- 50 g Zucker
- 1 Prise Salz
- 100 g Butter
- ca. 100 ml Milch
- 1 Ei

FÜR DIE FÜLLUNG:
- 150 g Butter
- 125 g Zucker
- 2 Päckchen Vanillinzucker
- 3 TL Zimt
- nach Wunsch: 150 g Rosinen und gehackte Mandeln

SO BEREITEST DU DIE ZIMTSCHNECKEN ZU:

Für den Hefeteig gib das Mehl in eine Rührschüssel und drücke in die Mitte eine kleine Vertiefung. In diese gibst du die zerkleinerte Hefe, den Zucker und das Salz. Erwärme nun die Butter für ca. 30 Sekunden in der Mikrowelle in einer großen Tasse und fülle diese dann mit der Milch auf. So hat die Milch die richtige Temperatur, um den Gärungsprozess in Gang zu setzen.

Schütte die Milch-Butter-Mischung in die Vertiefung und verrühre diese mit einem Drittel des Mehls von der Mitte heraus. Decke dann die Schüssel ca. 30 Minuten mit einem Tuch ab. Sobald die Hefe Blasen geschlagen hat, gib das Ei hinein und arbeite die gesamte Masse mit einem Kochlöffel oder mit der Hand durch, bis ein glatter Teig entsteht. Diesen bestäubst du nun mit Mehl und deckst die Schüssel mit einem Tuch ab, sodass ein weiteres Mal der Gärungsprozess in Gang gesetzt wird. Nun sollte sich der Teig verdoppeln. Dies dauert ca. 1 Stunde, je nach Raumklima.
Dann kann der Teig weiterverarbeitet werden: Knete ihn nochmals durch. Wenn er noch klebrig ist, fügst du einfach noch etwas Mehl hinzu. Jetzt rollst du den Teig mit dem Nudelholz zu einer rechteckigen Platte in einer Dicke von ca. 0,5 cm aus.

Nun machst du dich an die Füllung: Dazu erwärmst du die Butter bei geringer Hitze, vermischst sie mit Zucker, Vanillinzucker und Zimt und verteilst sie auf der Teigplatte. Gib dann nach Geschmack Rosinen oder gehackte Mandeln darüber.

Jetzt rollst du die Teigplatte eng zu einer Rolle auf. Je nachdem, ob du lieber größere oder kleinere Zimtschnecken haben möchtest, rollst du den Teig quer oder der Länge nach auf. Dann schneidest du 1,5 cm dicke Scheiben und legst die Schnecken mit etwas Abstand auf ein gefettetes Blech.
Lass sie hier nochmals 1 Stunde ruhen und weiter aufgehen. Backe die Zimtschnecken bei 170 Grad (Umluft) für ca. 20 Minuten, bis sie goldgelb sind. Die Schnecken können sodann mit Puderzucker bestreut oder auch glasiert werden: Dazu kochst du 50 ml Wasser mit 4 Esslöffeln Zucker auf und streichst die Schnecken damit ein.

Und nun: genießen ...

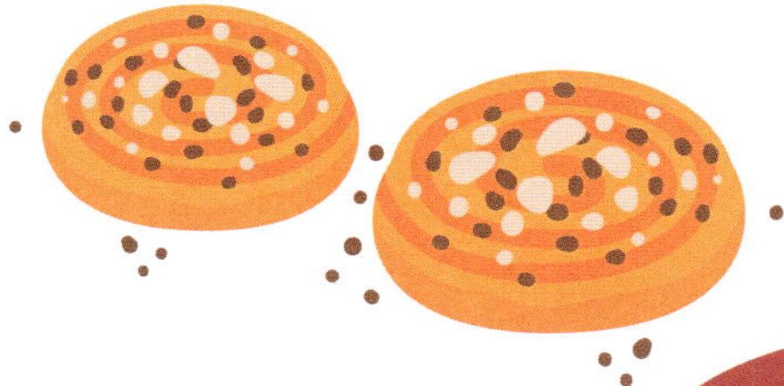

Leben:

Einatmen, ausatmen und
dazwischen seine ganz *eigenen Spuren*
in das *Fußbett des Lebens* setzen.

KIRSTEN SCHWERT

Das Geheimnis der Zufriedenheit

Es kamen ein paar Suchende zu einem alten Zen-Meister. „Herr“, fragten sie, „was tust du, um glücklich und zufrieden zu sein? Wir wären auch gerne so glücklich wie du.“

Der Alte antwortete mit mildem Lächeln: „Wenn ich liege, dann liege ich. Wenn ich aufstehe, dann stehe ich auf. Wenn ich gehe, dann gehe ich, und wenn ich esse, dann esse ich.“

Die Fragenden schauten etwas betreten in die Runde. Einer platzte heraus: „Bitte, treibe keinen Spott mit uns. Was du sagst, tun wir auch. Wir schlafen, essen und gehen. Aber wir sind nicht glücklich. Was ist also dein Geheimnis?“

Es kam die gleiche Antwort: „Wenn ich liege, dann liege ich. Wenn ich aufstehe, dann stehe ich auf. Wenn ich gehe, dann gehe ich, und wenn ich esse, dann esse ich.“

Die Unruhe und den Unmut der Suchenden spürend, fügte der Meister nach einer Weile hinzu: „Sicher liegt auch Ihr und Ihr geht auch und Ihr esst. Aber während Ihr liegt, denkt Ihr schon ans Aufstehen. Während Ihr aufsteht, überlegt Ihr, wohin Ihr geht, und während Ihr geht, fragt Ihr Euch, was Ihr essen werdet. So sind Eure Gedanken ständig woanders und nicht da, wo Ihr gerade seid. In dem Schnittpunkt zwischen Vergangenheit und Zukunft findet das eigentliche Leben statt. Lasst Euch auf diesen nicht messbaren Augenblick ganz ein und Ihr habt die Chance, wirklich glücklich und zufrieden zu sein.“

VERFASSER UNBEKANNT

UMGIB DICH MIT BLUMEN

Blumen machen glücklich! Umgib dich mit farbenfrohen, vielfältigen Pflanzen. Damit kannst du mit wenig Aufwand in deiner Wohnumgebung eine schöne Atmosphäre schaffen und dich an ihrem Anblick erfreuen. Und das nicht nur zu besonderen Anlässen wie Geburtstagen – schenke dir außer der Reihe selbst Blumen und zeige dir damit, dass du dir wichtig bist.

Dazu brauchst du keine kristallgeschliffenen Vasen und teuren Rosensträuße. Du kannst einfach Marmeladengläser oder Flaschen zweckentfremden, mit Schleifen aus Bast umbinden und kleine selbst gepflückte Sträußchen hineinstellen.

Wenn du dir keine frischen Blumen zulegen willst, weil sie welken, bringen auch Pflanzen im Topf mit ihrem frischen Grün und leuchtenden Farben das ganze Jahr über Glücksgefühle. Und falls du absolut keinen grünen Daumen hast: Farne oder Orchideen kommen mit wenig Wasser aus! Das regelmäßige Hegen und Pflegen deiner Pflanzen wirkt beruhigend auf Geist und Seele.

Blumen
haben kein Herz,
keine Augen, keine Hände –
und dennoch streicheln sie sanft
unsere Seele.

MARTHA WILLINGER

Frühlingsvormittag

FÜR MARY

Natürlich kommst du erst einmal ein Viertelstündchen zu spät – und dann musst du lachen, wie du mich da so an der Uhr stehen siehst, und dann sagst du: „Die Uhr geht überhaupt falsch!" Uhren, an denen sich Liebespaare verabreden, gehen immer falsch. Und dann gondeln wir los.

Das ist ein zauberischer Vormittag. Du trägst ein weich gefaltetes, weites Kleid, ganz hell, was dich noch blonder macht, einen kleinen Trotteur, wie ich ihn gern habe, und deine langen, zarten Wildlederhandschuhe; du duftest ganz zart nach irgendetwas, was du als Lavendel ausgibst – und was das Verzaubertste an diesem hellen Tage ist –: Wir sprechen nicht ein einziges Mal von Zahlen. Es ist ganz merkwürdig und unberlinisch. Leider: ganz undeutsch. Du sprichst von Kurland. Wie sich auf dem lettischen Bahnhof Männlein und Weiblein und Kindlein einträchtig in der Nase bohrten, der ganze Bahnhof bohrte in der Nase: Gendarmen, Bauern, Schaffner und Lokomotivführer. Ich finde, dass das dem Nachdenken sehr förderlich sei, und das willst du wieder nicht glauben. Doch. Der Ausdruck: „in der Nase grübeln …" Weiter. Und dann erzählst du von den langen, langen Spaziergängen, die man in Kurland machen kann – und mir wird das Herz weit, wenn ich an das schönste Land denke, das wir beide kennen: Gottes propprer Protzprospekt für ein unglücklicherweise nicht geliefertes Deutschland.

Und dann gehen wir an kleinen Teichen vorbei, an einem steht seltsamerweise nicht einmal eine Tafel mit: Verboten – und wir wundern uns sehr. Und du patschst mit deinen neuen Lackhalbschuhen (du freundliche Mühlenaktie!) in einen Tümpel, und ich bin an allem schuld – und überhaupt. Aber dann ist das vorbei …

Und in deinen Augen spiegelt sich der helle Frühlingstag, du siehst so fröhlich aus, und ich muss immer wieder darauf gucken, wie du dich bewegst. Und wieder sprechen wir von Russland und von deiner Heimat. Was ist es, das dich so bezaubernd macht –?

Du bist unbefangen. Und ich will dir mal was sagen:
Bei uns tun die feinen Leute alle so, wie es in ihren Zeitschriften drin steht – und immer sehen sie sich fotografiert, fein mit Ei und durchaus ‚richtig'. Ihr überlegt gar nicht so viel. Ihr seid hübsch, und damit gut. Und ihr geht, schreitet, lacht, fahrt und trinkt so, wie es euch eure kleine Seele eingegeben hat – ohne darüber nachzudenken, wie das wohl ‚aussieht'. Aber ihr fühlt immer, wie es aussieht – und ihr wollt immer, dass es hübsch aussehen soll. Und nichts ist euch unwichtig, und alles erheblich genug, um es mit Freude zu tun. Der Weg ist das Ziel.
Aber da hält ein Auto, darinnen sitzt Herr Kolonialwarenhändler Mehlhake (A.-G. für den Vertrieb von Mehlhakeschen Präparaten – „Wissen Se, schon wejen der Steuer!"), und so sieht auch alles aus: Frau Mehlhake ist so schrecklich richtig angezogen, dass wir aus dem Lachen und sie aus der feinsten Lederjacke nicht herauskommt, die kleinen Mehlhakes haben alle Automobilbrillen und schmutzige Fingernägel – und das Auto kostet heute mindestens seine ...
Aber wir wollten ja nicht von Zahlen sprechen an diesem Frühlingsvormittag. Das Auto staubt davon. Wir gehen weiter, wir Wilden, wir bessern Menschen. Denn mit dem Stil ist das wie mit so vielen Dingen: man hat ihn, oder man hat ihn nicht.

KURT TUCHOLSKY

ZÄHLE DEINE GLÜCKSMOMENTE

Bevor du morgens deinen Tag beginnst, fülle eine Handvoll getrockneter Linsen in die linke Hosentasche. Und jedes Mal, wenn du an diesem Tag etwas Schönes erlebst, nimmst du eine Linse und gibst sie von der linken in die rechte Tasche.
Vor dir hüpft ein niedliches Eichhörnchen über den Gehweg? Zeit für eine Linse. Die Sonne wagt sich hinter den Wolken hervor? Noch eine Linse. Deine Kollegin drückt dir einen frisch gebrühten Kaffee in die Hand, in der Bahn lächelt dir ein fremder Mensch zu, dein Lieblingslied läuft zufällig im Radio? Alles wunderbare Linsen-Momente.
Am Abend schaust du dann nach, wie viele Linsen von der linken in die rechte Hosentasche gewandert sind, und lässt die Glücksmomente des Tages noch einmal auf dich wirken. Vielleicht zählst du am Anfang noch nicht so viele Linsen auf der „richtigen" Seite, doch mit der Zeit wirst du ein immer besseres Gefühl für die schönen Momente des Alltags bekommen – und am Ende des Tages immer mehr Linsen in deiner rechten Tasche vorfinden.
Glücksmomente lassen sich zählen – und es sind viel mehr, als du dir vorstellen kannst!

Man kann einen seligen,
seligsten Tag haben,
ohne etwas anderes dazu zu gebrauchen
als *blauen Himmel*
und *grüne Erde.*

JEAN PAUL

Die Kunst, spazieren zu gehen.

Diese altertümliche Fortbewegungsform auf zwei Beinen sollte gerade in unserer Zeit, in der es so viel andre zweckmäßigere Transportmittel gibt, zu einem besonders reinen zweckentbundenen Genuss werden. Zu deinen Zielen bringen dich die privaten und öffentlichen Benzinvulkane und andre Vehikel. Für deine Gesundheit magst du das sogenannte Footing machen, diese Art beschwingteren Exerzierens, bei dem man so damit beschäftigt ist, die Bewegungen richtig auszuführen und mit richtigem Atmen zu verbinden, dass man nicht dazu kommt, gemächlich nach rechts und links zu schauen. Spazierengehn ist weder nützlich noch hygienisch, es ist ein Übermut, wie – nach Goethe – das Dichten. Es ist wie jedes Gehen und mehr als jedes andre Gehen zugleich ein Sichgehenlassen: Man fällt von einem Fuß auf den andern und balanciert diesen Vorgang. Kindertaumel ist in unserm Gehen und seligen Schweben, das wir Gleichgewicht nennen. (...)

Steige gelegentlich auf deinen Wegen eine Station vor dem Ziel aus dem Autobus oder Auto und ergehe dich ein paar Minuten. Wie oft bist du zu früh am Ziel und musst eine öde Wartezeit in Büros und Vorzimmern mit Zeitungslektüre und Ungeduld verbringen. Mach Ferien des Alltags aus solchen Minuten und flaniere ein Stück Wegs. In jedem von uns lebt ein heimlicher Müßiggänger, der seine leidigen Beweggründe bisweilen vergessen und sich grundlos bewegen will. (...)

Ich schicke dich zeitgenössischen Spaziergangsaspiranten nicht in fremde Gegenden und zu Sehenswürdigkeiten. Besuche deine eigne Stadt, spaziere in deinem Stadtviertel, ergehe dich dem steinernen Garten, durch den Beruf, Pflicht und Gewohnheit dich führen. Erlebe im Vorübergehn

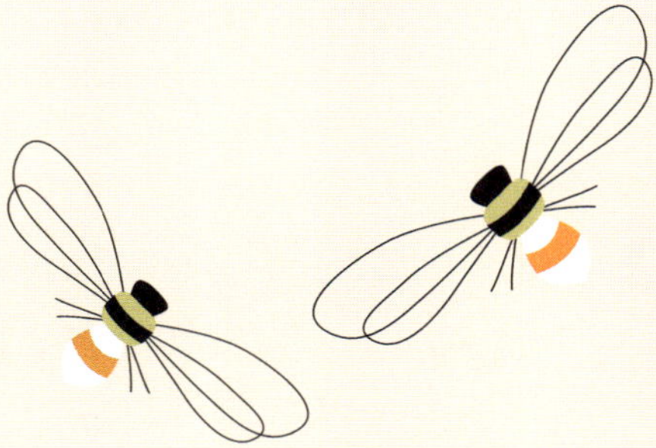

die Geschichte von ein paar Dutzend Straßen. (...) Es ist das unvergleichlich Reizvolle am Spazierengehn, dass es dich ablöst von deinem mehr oder weniger leidigen Privatleben. Du verkehrst, du kommunizierst mit lauter fremden Zuständen und Schicksalen. Das merkt der echte Spaziergänger an dem merkwürdigen Erschrecken, das er verspürt, wenn in der Traumstadt seines Flanierens ihm plötzlich ein Bekannter begegnet und er dann mit jähem Ruck wieder ganz einfach ein feststellbares Individuum ist.

Das Spazierengehn ist nur selten eine gesellige Angelegenheit wie etwa das Promenieren, das wohl früher einmal (jetzt nur noch in Städten, wo es eine Art Korso gibt) ein hübsches Gesellschaftsspiel, eine reizvolle theatralische oder novellistische Situation gewesen sein mag. Es ist gar nicht leicht, mit einem Begleiter spazieren zu gehn. Nur wenige Leute verstehen sich auf diese Kunst. (...) Der richtige Spaziergänger ist wie ein Leser, der ein Buch nur zu seinem Zeitvertreib und Vergnügen liest – ein selten werdender Menschenschlag heutzutage, da die meisten Leser in falschem Ehrgeiz wie auch die Theaterbesucher sich für verpflichtet halten, ihr Urteil abzugeben. (...)

Also eine Art Lektüre ist die Straße. Lies sie. Urteile nicht. Finde nicht zu schnell schön und hässlich. Das sind alles so unzuverlässige Begriffe. Lass dich auch täuschen und verführen von Beleuchtung, Stunde und dem Rhythmus deiner Schritte. Werde Menge. Schließ dich zeitweilig Umzügen an. Mach Aufläufe mit. Wenn gerade irgendwo Geschäftsschluss oder das Theater aus ist, so bleib ein Weilchen stehn, als erwartetest du jemanden. Solche gespielte Absicht entrückt dich nicht der schönen Zwecklosigkeit deines Tuns.

Bei langem Gehn bekommst du nach einer ersten Müdigkeit neuen

Schwung. Dann trägt das Pflaster dich mütterlich, es wiegt dich wie ein wanderndes Bett. Und was du alles siehst in diesem Zustand angeblicher Ermattung! Was dich alles ansieht! Immer vertrauter wird mit dir die Straße. Sie lässt ihre älteren Zeiten durchschimmern durch die Schicht Gegenwart. (...)

Noch einen Rat: Es empfiehlt sich, nicht ganz ziellos zu gehn. Du wunderst dich nach dem, was ich bisher gesagt habe, über diese Äußerung? Aber auch in dem Aufs Geratewohl gibt es einen Dilettantismus, der ungünstig ist. Beabsichtige, irgendwohin zu gelangen. Vielleicht kommst du in angenehmer Weise vom Wege ab. Aber der Abweg setzt immer einen Weg voraus. Wenn du unterwegs etwas ansehn willst, geh nicht zu gierig darauf los. Sonst entzieht es sich dir. Lass ihm Zeit, auch dich anzusehn. (...)

Das Wandern ist wieder ein ganz anderes Kapitel aus der Schule des Genusses. Schule des Genusses? Ja, in die müssten wir wieder gehn. Eine schwere Schule, eine holde und strenge Zucht. Am Ende aber gibt es sie gar nicht; und wenn man sie zu gründen versuchte, es käme ein schrecklicher Ernst des Lebens dabei heraus.

FRANZ HESSEL

Auf unserem *Streifzug*

über Wiesen und durch Wälder

entdecken wir viele *kleine Schätze*,

aus denen unsere *Fantasie*

Wunderbares entstehen lässt.

ELFRIEDE ENGEL

SPAZIERGANG MIT LAND ART

Hast du schon einmal von Land Art gehört? Land Art ist ein wunderbarer, entschleunigender Weg, die Natur bewusst wahrzunehmen und gleichzeitig mit und in ihr kreativ zu werden.

Was siehst du am Wegesrand, wenn du im Wald oder im Park spazieren gehst? Einen eigentümlich geformten Stein oder Zweig hier, Tannenzapfen und buntes Laub da ... Mit all den Materialien, die du nebenbei beim Gehen in der Natur findest, lassen sich an Ort und Stelle kleine und auch große zwei- oder sogar dreidimensionale Motive legen. Das können zum Beispiel symmetrische Mandalas sein, Steinhaufen oder dein eigener Name – alles, was die Fantasie und die Natur hergeben. Es versteht sich von selbst, Pflanzen und Bäume nicht zu zerstören!

So werden Steine, Gräser oder Blumen, die man beim Spazierengehen findet, zu einzigartigen, wenn auch vergänglichen Kunstwerken: Wind und Regen werden sie bald wieder mit der Natur verschmelzen. Ganz nebenbei hast du etwas höchst Entspannendes und Kreatives getan und deine Sinneswahrnehmung geschärft. Und du wirst dich immer an dein Kunstwerk erinnern, wenn du an dieser Stelle vorbeikommst.

Anekdote zur Senkung der Arbeitsmoral

In einem Hafen an der westlichen Küste Europas liegt ein ärmlich gekleideter Mann in seinem Fischerboot und döst. Ein schick angezogener Tourist legt eben einen neuen Farbfilm in seinen Fotoapparat, um das idyllische Bild zu fotografieren: blauer Himmel, grüne See mit friedlichen, schneeweißen Wellenkämmen, schwarzes Boot, rote Fischermütze. Klick. Noch einmal: klick, und da aller guten Dinge drei sind, und sicher sicher ist, ein drittes Mal: klick. Das spröde, fast feindselige Geräusch weckt den dösenden Fischer, der sich schläfrig aufrichtet, schläfrig nach seiner Zigarettenschachtel angelt, aber bevor er das Gesuchte gefunden, hat ihm der eifrige Tourist schon eine Schachtel vor die Nase gehalten, ihm die Zigarette nicht gerade in den Mund gesteckt, aber in die Hand gelegt, und ein viertes Klick, das des Feuerzeuges, schließt die eilfertige Höflichkeit ab. Durch jenes kaum messbare, nie nachweisbare Zuviel an flinker Höflichkeit ist eine gereizte Verlegenheit entstanden, die der Tourist – der Landessprache mächtig – durch ein Gespräch zu überbrücken versucht. „Sie werden heute einen guten Fang machen." Kopfschütteln des Fischers. „Aber man hat mir gesagt, dass das Wetter günstig ist." Kopfnicken des Fischers. „Sie werden also nicht ausfahren?" Kopfschütteln des Fischers, steigende Nervosität des Touristen. Gewiss liegt ihm das Wohl des ärmlich gekleideten Menschen am Herzen, nagt an ihm die Trauer über die verpasste Gelegenheit. „Oh, Sie fühlen sich nicht wohl?" Endlich geht der Fischer von der Zeichensprache zum wahrhaft gesprochenen Wort über: „Ich fühle mich großartig", sagt er. „Ich habe mich nie besser gefühlt." Er steht auf, reckt sich, als wollte er demonstrieren, wie athletisch er gebaut ist. „Ich fühle mich phantas-

tisch." Der Gesichtsausdruck des Touristen wird immer unglücklicher, er kann die Frage nicht mehr unterdrücken, die ihm sozusagen das Herz zu sprengen droht: „Aber warum fahren Sie dann nicht aus?" Die Antwort kommt prompt und knapp: „Weil ich heute Morgen schon ausgefahren bin." „War der Fang gut?" „Er war so gut, dass ich nicht noch einmal auszufahren brauche, ich habe vier Hummer in meinen Körben gehabt, fast zwei Dutzend Makrelen gefangen ..."
Der Fischer, endlich erwacht, taut jetzt auf und klopft dem Touristen beruhigend auf die Schultern. Dessen besorgter Gesichtsausdruck erscheint ihm als ein Ausdruck zwar unangebrachter, doch rührender Kümmernis. „Ich habe sogar für morgen und übermorgen genug", sagt er, um des Fremden Seele zu erleichtern. „Rauchen Sie eine von meinen?" „Ja, danke." Zigaretten werden in Münder gesteckt, ein fünftes Klick, der Fremde setzt sich kopfschüttelnd auf den Bootsrand, legt die Kamera aus der Hand, denn er braucht jetzt beide Hände, um seiner Rede Nachdruck zu verleihen.
„Ich will mich ja nicht in Ihre persönlichen Angelegenheiten einmischen", sagt er, „aber stellen Sie sich mal vor, Sie führen heute ein zweites, ein drittes, vielleicht sogar ein viertes Mal aus und Sie würden drei, vier, fünf, vielleicht gar zehn Dutzend Makrelen

fangen ... stellen Sie sich das mal vor.“ Der Fischer nickt. „Sie würden“, fährt der Tourist fort, „nicht nur heute, sondern morgen, übermorgen, ja an jedem günstigen Tag zwei-, dreimal, vielleicht viermal ausfahren – wissen Sie, was geschehen würde?“ Der Fischer schüttelt den Kopf.

„Sie würden sich in spätestens einem Jahr einen Motor kaufen können, in zwei Jahren ein zweites Boot, in drei oder vier Jahren könnten Sie vielleicht einen kleinen Kutter haben, mit zwei Booten oder dem Kutter würden Sie natürlich viel mehr fangen – eines Tages würden Sie zwei Kutter haben, Sie würden ...“, die Begeisterung verschlägt ihm für ein paar Augenblicke die Stimme, „Sie würden ein kleines Kühlhaus bauen, vielleicht eine Räucherei, später eine Marinadenfabrik, mit einem eigenen Hubschrauber rundfliegen, die Fischschwärme ausmachen und Ihren Kuttern per Funk Anweisung geben. Sie könnten die Lachsrechte erwerben, ein Fischrestaurant eröffnen, den Hummer ohne Zwischenhändler direkt nach Paris exportieren – und dann ...“, wieder verschlägt die Begeisterung dem Fremden die Sprache. Kopfschüttelnd, im tiefsten Herzen betrübt, seiner Urlaubsfreude schon fast verlustig, blickt er auf die friedlich hineinrollende Flut, in der die ungefangenen Fische munter springen.

„Und dann“, sagt er, aber wieder verschlägt ihm die Erregung die Sprache. Der Fischer klopft ihm auf den Rücken, wie einem Kind, das sich verschluckt hat. „Was dann?“ fragt er leise. „Dann“, sagt der Fremde mit stiller Begeisterung, „dann könnten Sie beruhigt hier im Hafen sitzen, in der Sonne dösen – und auf das herrliche Meer blicken.“ „Aber das tu ich ja schon jetzt“, sagt der Fischer, „ich sitze beruhigt am Hafen und döse, nur Ihr Klicken hat mich dabei gestört.“

Tatsächlich zog der solcherlei belehrte Tourist nachdenklich von dannen, denn früher hatte er auch einmal geglaubt, er arbeite, um eines Tages einmal nicht mehr arbeiten zu müssen, und es blieb keine Spur von Mitleid mit dem ärmlich gekleideten Fischer in ihm zurück, nur ein wenig Neid.

HEINRICH BÖLL

Manchmal

muss man sich einfach

fallen lassen,

um sich wieder

aufgehoben zu fühlen.

ROSWITHA BLOCH

KUSCHELN IN DEINER WOLKENBURG

Kuscheln ist gut für die Seele! Und zwar so gemütlich wie möglich. Suche dir die dicksten Kissen und kuscheligsten Wolldecken zusammen und baue dir auf dem Sofa, im Bett oder auf dem Teppich deine eigene weiche Wolkenburg, in der du herrlich entspannen kannst.
Was brauchst du noch, um dich so richtig fallen lassen zu können? Deine Lieblingsmusik oder endlich mal wieder ein gutes Buch? Wie wäre es mit einem Film wie „Pretty Woman", den du schon hundertmal gesehen hast und bei dem du richtig gut abschalten kannst? Oder möchtest du einfach der Stille lauschen?
Kuschel dich in die Kissen, spüre die weichen Materialien, die deiner Haut schmeicheln und dich wie die Prinzessin auf der Erbse fühlen lassen, die es ganz weich braucht, um sich wohlzufühlen – und lass die Erbse dabei einfach weg ...

Der Wert eines Jahres

Um den Wert eines Jahres zu erfahren, frage einen Studenten, der im Schlussexamen durchgefallen ist. Um den Wert eines Monats zu erfahren, frage eine Mutter, die ein Kind zu früh zur Welt gebracht hat.
Um den Wert einer Woche zu erfahren, frage den Herausgeber einer Wochenzeitung.
Um den Wert einer Stunde zu erfahren, frage die Liebenden, die darauf warten, sich zu sehen.
Um den Wert einer Minute zu erfahren, frage jemanden,der seinen Zug, seinen Bus oder seinen Flug verpasst hat.
Um den Wert einer Sekunde zu erfahren, frage jemanden, der einen Unfall überlebt hat.
Um den Wert einer Millisekunde zu erfahren, frage jemanden, der bei den Olympischen Spielen eine Silbermedaille gewonnen hat.
Die Zeit wartet auf niemanden.
Sammle jeden Moment, der dir bleibt, denn er ist wertvoll.
Teile ihn mit einem besonderen Menschen, und er wird noch wertvoller.

VERFASSER UNBEKANNT

hugs &
kisses

SCHLAF SCHÖN

Freue dich am Abend auf deinen verdienten Schlaf! Dass er erholsam wird, dazu kannst du selbst mit ganz wenig Vorbereitung beitragen. Schon am Abend kannst du dich wunderbar darauf einstimmen, indem du deinem Organismus signalisierst: Jetzt kommt die Zeit, vom geschäftigen Tag herunterzufahren. Versuche, auf Fernsehen und den Blick aufs Handy mindestens eine Stunde vorm Schlafengehen zu verzichten. Dimme das Licht. Wenn du möchtest, lass deine Umgebung nur von Kerzenlicht erleuchten.

Ein beruhigender Duft, aufs Kopfkissen gesprüht, kann dir dabei helfen, noch besser zur Ruhe zu kommen und leichter einzuschlafen. Dabei ist Lavendel natürlich ein Klassiker. Dein Kopfkissenspray kannst du dir mit natürlichen Zutaten ganz einfach selbst machen. Wenn du mehr Abwechslung möchtest oder Lavendel nicht ganz dein Fall ist, kannst du auch andere Duftnoten hineingeben, wie etwa eine Mischung aus ätherischen Ölen mit Vanille, Benzoe oder Hopfen. Probiere aus, was du am liebsten magst!

Am Abend sprühst du aus ein wenig Entfernung eine kleine Menge deiner Gute-Nacht-Mischung auf dein Kopfkissen. An den darauffolgenden Abenden schüttelst du dein Kissen einfach auf und sprühst erst nach, wenn der Duft bereits verflogen ist. Falls dir der Duft auf deinem Kissen zu intensiv ist, kannst du auch einfach einen Sprühstoß in den Raum oder auf deine Bettdecke statt aufs Kissen geben.

Du kannst diese Handgriffe richtig zelebrieren und dir eine Vorfreude aufs Schlafengehen schaffen. Schlaf schön!

GUTE-NACHT-SPRAY

FÜR DEIN GUTE-NACHT-SPRAY BENÖTIGST DU:

- Eine kleine, saubere Sprühflasche mit 125 ml Fassungsvermögen (Reiseset oder schon benutzte, entleerte Flasche)
- 40 ml Wodka (oder anderen geruchsneutralen Alkohol ab 40 % Vol.)
- 60 ml destilliertes Wasser
- 30 Tropfen ätherisches Öl: Lavendel oder alternativ in einer Mischung mit z. B. Vanille, Hopfen, Benzoe oder Zirbenöl

SO BEREITEST DU DAS SPRAY ZU:

Fülle mithilfe eines Trichters das destillierte Wasser und den Alkohol in die Sprühflasche, verschließe sie und schüttle die Mischung gut durch. Gib nun insgesamt 30 Tropfen deiner bevorzugten Duftmischung hinzu. Schnuppere zwischendurch immer mal wieder daran, ob sie deinen Vorlieben entspricht – im Zweifelsfall nimm zuerst weniger Öl und „taste" dich an deine Wunschmischung heran. Abschließend schütteln, fertig! Bastele dir noch ein hübsches Etikett, das du auf die Flasche klebst, und stelle sie auf deinen Nachttisch.
Vor jedem Aufsprühen solltest du die Flasche kräftig schütteln.

Der Meisterhandwerker

Ein Meisterhandwerker im alten China wurde vom Kaiser beauftragt, einen Schrank für des Kaisers Schlafzimmer im kaiserlichen Palast herzustellen. Der Handwerker, ein Zen-Mönch, sagte dem Kaiser, dass er während fünf Tagen nicht in der Lage sein werde, zu arbeiten. Die Spione des Kaisers sahen, wie der Mönch die ganze Zeit dasaß und anscheinend nichts tat. Dann, als die fünf Tage vorbei waren, stand der Mönch auf. Innerhalb dreier Tage fertigte er den außergewöhnlichsten Schrank, den je jemand gesehen hatte. Der Kaiser war so zufrieden und neugierig, dass er den Mönch zu sich kommen ließ und ihn fragte, was er während der fünf Tage vor dem Beginn seiner Arbeit gemacht hatte.

Der Mönch antwortete: „Den ganzen ersten Tag verbrachte ich damit, jeden Gedanken an Versagen, an Furcht, an Bestrafung, falls meine Arbeit dem Kaiser missfallen sollte, loszulassen.

Den ganzen zweiten Tag verbrachte ich damit, jeden Gedanken an Unangemessenheit und jeden Glauben, dass mir die Fertigkeiten fehlen würden, einen dem Kaiser würdigen Schrank zu fertigen, loszulassen.

Den ganzen dritten Tag verbrachte ich damit, jede Hoffnung und jedes Verlangen nach Ruhm, Glanz und Belohnung, falls ich einen Schrank fertigen sollte, der dem Kaiser gefallen würde, loszulassen.

Den ganzen vierten Tag verbrachte ich damit, den Stolz, der in mir wachsen könnte, falls ich in meiner Arbeit erfolgreich sein sollte und das Lob des Kaisers empfangen würde, loszulassen.

Und den ganzen fünften Tag verbrachte ich damit, im Geist die klare Vorstellung dieses Schrankes zu betrachten, in der Gewissheit, dass sogar ein Kaiser ihn sich wünschte, so wie er jetzt vor Ihnen steht."

VERFASSER UNBEKANNT

MACH ES DIR BEQUEM

Die Tür fällt hinter dir zu. Erleichtert wirfst du erst einmal die engen Schuhe von dir, ziehst die kneifende Hose aus und schlüpfst endlich in deine bequemen Klamotten.
Warum tun wir uns das eigentlich so oft an, in unbequemer Kleidung den Tag zu verbringen? Natürlich wirkt es positiv aufs Gemüt, wenn wir uns sorgfältig zurechtmachen, und für den Beruf müssen wir ja eine gewisse Kleiderordnung beachten. Doch wie oft zwängt man sich in Teile, die schon in der Umkleidekabine grenzwertig waren oder zwar objektiv gut aussehen, man darin aber immer an sich herumzupfen möchte oder ohne Blasenpflaster nicht heil nach Hause kommt?

Mach Schluss mit zwickenden Hosen und drückenden Schuhen! Unterzieh deine Garderobe einem ehrlichen Blick und trenne dich von allem, was dir eigentlich seit Jahren nicht richtig passt und dich nicht wirklich glücklich macht. In Kleidung, die bequem ist und gut sitzt, fühlen wir uns so viel wohler und strahlen dieses Wohlgefühl automatisch auch aus. Zu Hause dürfen es dann erst recht kuschelige Stoffe sein, die deiner Haut schmeicheln.

Nicht die Menge macht's – lieber weniger Teile im Schrank, aber welche, die du liebst!

Daheim – Daheim!
Welch ein seliges Gefühl –
wie viel Wonne fasst es nicht in sich,
dieses eine,
dieses einzige Wort!

JOHANNES VON DEWALL

Wintertage in Graubünden

Von Klosters aus stieg ich an einem sonnenklaren, kalten Morgen die verschneiten Gassen und Matten hinan. Die Gipfel sprangen, einer nach dem anderen, ins milde Goldlicht des aufsteigenden Tages und lachten rosig in der milchig-sanften Himmelsbläue. Im Dorfe war wenig Leben, die Engländer schliefen noch im Grand Hotel, die Kinder waren in der Schule; man sah nur da und dort einen Bauern mit Schlitten und Kuhgespann bergaufwärts fahren, um aus den hochgelegenen braunen Holzschuppen Heu zu holen, oder einen anderen, der ins Holz ging und seinen schweren Handschlitten an den hohen Hörnern nachschleppte. Sonst kein Leben und kein Ton als das Knirschen meiner Sohlen auf dem gefrorenen Schnee und weit unten im Tal das kaum hörbare, entfernte Schnauben der Davos-Landquartier-Eisenbahn. Langsam kam ich empor, über das Dorf hinaus und der Sonnengrenze näher, die mir unmerklich entgegenkam und nach der ich allmählich sehnlich begehrte, da mir Ohren und Hände steif und rot gefroren waren und weh taten. Der Weg war, obwohl nicht gepfadet, angenehm und wenig anstrengend, da der harte Schnee mich bequem trug und doch so viel nachgab, dass ich sicher und ohne Gleiten direkt aufwärts steigen konnte. Zwei Raubvögel, vermutlich Turmfalken, kreisten hoch und feierlich umeinander, sonst war außer mir nichts Lebendiges mehr am Berge sichtbar.

Aufatmend erreichte ich die höheren, von der Sonne beschienenen Schneematten. Hier herrschte kein Frost mehr, während ich noch vor einer Stunde in einer Kälte von zwölf Grad gegangen war.

Aber nach kurzer Zeit war die Blendung so stark, dass ich die Schneebrille aufsetzen musste. Über die steil geneigten, von der leuchtenden Schneedecke weich abgerundeten Hänge flutete das Licht des jungen Tages diamanten und festlich, spielte in jähen Irisfarben, lachte eisig und unerträglich auf glatten Flächen, füllte Mulden und Hangränder mit zarten, schon blauen Schatten.

Reif und Eis schmolzen mir vom Schnurrbart, die Luft begann sich leise zu erwärmen, und ich hielt eine erste kurze Rast, um diese Herrlichkeit zu begrüßen und die beginnenden Freuden der Wintersonne vorauszukosten. Denn es gibt in der weiten Welt nichts Wunderbareres, Edleres und Schöneres als die Hochgebirgssonne im Winter. Von Schnee und Eis und Stein zurückgeworfen, spielt Licht und Wärme schwelgerisch in den unbeschreiblich durchsichtigen winterklaren Lüften – ein Licht und ein Strahlen feiner, zarter, trockener Wärme, von dem das Tiefland auch an den glänzendsten Tagen keine Ahnung hat.

Der lichte Himmel nahm allmählich tiefe Farben an, von Gipfel zu Gipfel gespannt, ruhte er tief und strahlend ohne jeden kleinsten Dunst, blau bis zur Farbe der Veilchen. Zugleich nahm die Wärme zu und ich rastete oft auf dem Schnee, um nicht in Schweiß zu kommen. Den Rock trug ich längst überm Arm und die Handschuhe in der Tasche.

Hinter den obersten einsamen Heuhütten begann Tannenwald und hinter dem Tannenwald stiegen unzugänglich senkrechte Steinwände in den Himmel mit fast gewaltsam scharfen, grellen Umrissen. Rückwärts übersah ich nun das tiefe und weite

Tal, ungezählte Gipfel, berühmte und namenlose, und im Schnee verloren winzige Dörfer, ganz unten die dunkel fließende Landquart. Inzwischen hatte ich die Mütze abgelegt und das Hemd aufgeknöpft. Dann suchte ich mir zwischen Wald und Felsen einen geschützten Ort, wo verdorrtes Moos und Heidekraut schneefrei und trocken in der Sonne brannte. Dort legte ich mich hin, aß ein Stück Schokolade und ruhte gründlich aus.

Ich lag wie im Sommer, fühlte die Dezembersonne auf Nacken und Arme brennen und dachte mit Behagen an meine Heimat am Bodensee, wo jetzt feuchte Kühle und Nebel herrschten. Dann begann ich mir Hände und Arme mit Schnee zu waschen. Und da dies köstlich wohltat, warf ich eilig Schuhe und Strümpfe und alle Kleider ab, tat einen Freudenschrei und badete mich erschaudernd im körnigen Schnee. Als ich wieder in den Kleidern war und in der Sonne lag, fühlte ich unter der erfrischten Haut mein Blut wohliger und wärmer und lebendiger kreisen als je nach dem raffiniertesten Dampfbad.

Einen Teil des Rückweges konnte ich, auf meiner Lodenjacke sitzend, über den Schnee abrutschen, den Rest legte ich zu Fuß zurück und kam gerade zur rechten Zeit nach Klosters, um bei einem guten Mittagessen meinen inzwischen scharf gewordenen Hunger zu stillen.

HERMANN HESSE

Das einfache Glück

völliger Harmonie mit der Umgebung spüren,

das Glück, das nichts begehret,

das einfach annimmt,

einfach atmet,

einfach existiert.

ELIZABETH VON ARNIM

WAS DU GERN BETRACHTEST

Umgib dich mit Dingen, die dein Auge erfreuen, so oft dein Blick auf sie fällt. Vielleicht ist es ein Liebhaberstück vom Flohmarkt, an dem dein Herz hängt, ein Gegenstand, der dich immer an eine schöne Begebenheit in deinem Leben erinnert, oder das Geschenk eines lieben Menschen?

Weil vollgestopfte Regale und andere Möbelstücke im täglichen Blickfeld auf deinen Geist eher unruhig wirken, ist es empfehlenswert, dich auf wenige, dir wirklich wichtige Stücke zu konzentrieren. Feste Plätze für die Gegenstände und ein wenig Struktur in der Wohnung tragen zu mehr Ruhe bei. Möglicherweise magst du dich auch von Dingen trennen, die du von einem Umzug zum anderen schon hinter dir her schleppst und die eher Ballast als wohltuende Deko sind?

Vielleicht gehörst du aber auch zu den Menschen, die viele ihrer Lieblingsstücke um sich haben müssen. Wenn du sie um dich brauchst, um dich wohlzufühlen – warum nicht?

Am See

Ich ging eines Abends nach dem Abendessen rasch noch zum See hinaus, der, ich weiß nicht mehr deutlich von was für einer regnerischen Melancholie, dunkel umhüllt war. Ich setzte mich auf eine Bank, die unter den freien Zweigen eines Weidenbaumes stand, und indem ich mich so einem unbestimmten Sinnen überließ, wollte ich mir einbilden, dass ich nirgends sei, eine Philosophie, die mich in ein sonderbares reizendes Behagen setzte.

Herrlich war das Bild der Trauer am regnerischen See, in dessen warmes graues Wasser es sorgfältig und gleichsam vorsichtig regnete. Der alte Vater mit seinen weißen Haaren stand in Gedanken vor mir, was mich zum nichtsbedeutenden, schüchternen Knaben machte, und das Gemälde der Mutter verband sich mit dem leisen, lieblichen Plätschern der zarten Wellen. Mit dem weiten See, der mich anschaute wie ich ihn, sah ich die Kindheit, die auch mich anschaute wie mit klaren schönen guten Augen. Bald vergaß ich ganz, wo ich war; bald wusste ich es wieder. Einige stille Leute spazierten behutsam am Ufer auf und ab, zwei junge Fabrikmädchen setzten sich auf die Nachbarbank und fingen an, miteinander zu plaudern, und im Wasser draußen, im lieben See draußen, wo das holde, heitere Weinen sanft sich verbreitete, fuhren in Booten oder Nachen noch Liebhaber der Schifffahrt, Regenschirme über den Köpfen aufgespannt, ein Anblick, der mich phantasieren ließ, ich sei in China oder in Japan oder sonst in einem träumerischen, poetischen Land.

Es regnete so süß, so weich auf das Wasser und es war so dunkel. Alle Gedanken schlummerten, und wieder waren alle Gedanken wach. Ein Dampfschiff fuhr in den See hinaus; seine goldenen Lichter schimmerten wunderbar im blanken, silberdunklen Wasser, das das schöne Schiff trug, als habe es Freude an der märchenhaften Erscheinung.

Die Nacht kam bald darauf und mit ihr das freundliche Gebot, aufzustehen von der Bank unter den Bäumen, vom Ufer wegzugehen und den Heimweg anzutreten.

ROBERT WALSER

Die am Tag träumen,

kennen viele Dinge,

die jenen entgehen,

die nur im Schlaf träumen.

EDGAR ALLAN POE

SCHNUPPERN IN ERINNERUNGEN

Deine Nase hat ein wunderbares Gedächtnis: Beim Wahrnehmen von bekannten Gerüchen sorgen zwei Dutzend Millionen Riechzellen dafür, den für Emotionen zuständigen Teil deines Gehirns zu aktivieren und Erinnerungen hervorzuzaubern, die mit früheren Dufterlebnissen verbunden sind.

So kann dich der Geruch von Zimt und Zucker in deine Kindheit zurückversetzen, wenn du gern Milchreis gegessen hast. Ein bestimmtes Parfum erinnert dich vielleicht unwillkürlich an deine erste Liebe oder die Tanzstunden, die du mit nervös feuchten Händen mit deinem Schwarm absolviert hast. Und die Nase in einem alten Schulbuch versetzt dich zurück ins Klassenzimmer deiner ehemaligen Schule. Welche Düfte rufen deine ganz persönlichen und geliebten Erinnerungen hervor?

Gönne dir und deiner Nase wundervolle Erlebnisse. Koche ein Lieblingsessen aus deiner Kindheit, wenn es schöne Erinnerungen hervorruft; steck die Nase in deine alten Bücher und lass dich überraschen, woran sie dich erinnern, oder begib dich im Parfumladen mit alten, wohlbekannten Düften auf deine eigene Zeitreise.

Angenehm ist am Gegenwärtigen
die Tätigkeit,
am Künftigen
die Hoffnung
und am Vergangenen
die Erinnerung.

ARISTOTELES

Sommerreise

Hier unter dem Schatten des großen Ahorn, hier, wo ein Hahnenruf, ein Grillenzirpen, das Rauschen des kleinen Baches die Welt bedeuten, erscheint diese dreitägige Reise schon wie ein Traum. Und doch war sie wirklich: so wirklich wie ein Gang zum Brunnen, ein Niederbeugen, das Löschen eines tiefen Durstes in eiskaltem, felsentsprungenem Wasser; so wirklich wie ein Verlangen nach Früchten, nach kernigweichen, innerlich kühlen, duftigen, flaumumhüllten Früchten, ein Anlegen der Leiter, ein Hinaufsteigen, ein Pflücken, ein Genießen, ein Schlummern in der Krone des Baumes. Es musste ein Abend vorhergehen, ein wundervoller Vorabend: jener eine Abend, der in jedem Jahre einmal kommt, früher oder später; jener einzige Abend, an welchem die Fülle des Sommers auf einmal da ist; die Sonne ist längst gesunken, doch steht noch immer im Westen ein Abgrund von Licht; drüber entzündet sich wie eine Fackel der Abendstern; die Berge, die dunklen Schluchten zwischen den Bergen glühen von innerem purpurblauem Feuer; ein unsäglich leichter Hauch geht wie ein Atem von Baum zu Baum; manchmal schleift er lüstern an dem Boden hin, ergreift ein frischgesponnenes Laken, das da zum Bleichen liegt, und bläht es wie ein Segel; dann schwillt vor innerer Kraft das Wasser in den Brunnentrögen, wie droben die Sterne überschwellen vor Glanz; stärker gurgelt es in den hölzernen Röhren, verlangender rauscht es aus dem Felsenspalt hervor, wundervoller braust der ferne Wassersturz, als drängte es den dunklen Berg, die starre Wand, ihr Inneres hinzugeben; von den Hängen, von den Matten lässt sich der Heuduft nieder, langsam kreisend; Wanderern gleichen die Bündel Heu, hingesunkenen Ermüdeten, Stehenden, am Pilgerstabe erstarrt, schlafend in der Gebärde des Wanderns; und jeder Schatten der Nacht, dort am Waldrand, da auf dem Altan, jeder gleicht einem Wanderer, der sich hinließ, in den Mantel gewickelt, mit dem ersten Frühstrahl leicht aufzuspringen, mit dem ersten Schritte weiterzuwandern.

Den nächsten Morgen begann die dreitägige Reise. Ihr Weg war mit dem abwärts rauschenden Wasser. Ihr Ziel war das Land des Sommers, da unten. Irgendein Hügel, festlicher als alle gekrönt mit üppigen Gewinden rankender Reben zwischen Ulme und Ulme; irgendein Weiher, eingesetzt wie ein purpurspielender Edelstein in das Grüne eines Hügels; irgendein Kastell, aus dessen braunroten Trümmern die breitblättrige Feige wächst und der schattenhafte Ölbaum; irgendein Dickicht, durch dessen Stämme eine wundervolle Nacktheit zu schimmern scheint, dessen Ranken noch schaukeln vom Flüchten feuchter, leuchtender, göttlicher Wesen.

HUGO VON HOFFMANSTHAL

WINTERSUPPE FÜR KALTE TAGE

In der kalten Jahreszeit ist eine herzhafte Suppe genau das Richtige, um sich zu verwöhnen. Wie wäre es mit einer schwedischen Kartoffelsuppe, die du mit leckeren Einlagen verfeinern kannst? Sie geht ganz einfach – und sind die einfachen Dinge nicht die schönsten?

Deine Suppe kannst du warm und gemütlich am Esstisch zu dir nehmen. Wenn du magst und die Möglichkeit dazu hast, bereite doch die Suppe mit den vorbereiteten Zutaten im Freien auf einem Gaskocher zu und genieße sie warm eingepackt direkt vor Ort. Oder du nimmst die zubereitete Suppe mit nach draußen und löffelst sie genüsslich aus einem Thermobecher.

FÜR DIE SUPPE BENÖTIGST DU:

- 750 g mehligkochende Kartoffeln
- 1 Zwiebel
- 1 EL Butter
- 750 ml Gemüsebrühe
- 300 ml Milch
- 100 ml Sahne
- frischer Thymian und Dill
- Nach Belieben: Räucherlachs, Bacon oder Schinkenwürfel, Krabben, (geröstete) Brotwürfel

SO BEREITEST DU DIE SUPPE ZU:

Schäle die Kartoffeln und die Zwiebel und schneide sie in kleine Würfel. In einem großen Topf schmilzt du die Butter und dünstest darin zunächst die Zwiebel an und fügst nach zwei Minuten auch die Kartoffeln hinzu. Nun gießt du die Gemüsebrühe und die Milch auf und lässt das Ganze 20–25 Minuten köcheln, bis die Kartoffeln gar sind. Währenddessen gibst du den klein geschnittenen Thymian und Dill hinein.
Wenn die Kartoffeln weich sind, fügst du die Sahne hinzu und pürierst die Suppe mit dem Pürierstab fein. Sollte die Suppe für deinen Geschmack jetzt noch zu dickflüssig sein, gib einfach noch etwas Gemüsebrühe hinzu. Würze nach Belieben mit Salz und Pfeffer.
Dazu kommen nach Wunsch diverse Einlagen, die du während der Kochzeit vorbereiten, in extra Schälchen servieren und nach Geschmack in deinem Teller mischen kannst: Räucherlachs, in Stückchen geschnitten, geröstete Brotwürfel, angebratene Schinkenwürfel, Bacon oder Krabben – Letztere sollten kurz vor Ende der Kochzeit noch fünf Minuten in der Suppe ziehen.

Schneefall

Südostwind wehte und wehte so leicht, dass kein Zweig sich bewegte. In den Wäldern war's still, und etwas Weißes – ein Meisenfederchen wohl – sank auf die sperrigen Heidekrautstängel und verfing sich dort. Ein zweites Federchen fiel hernieder, und auch das blieb hängen und war da, und als ich hinzuritt, sah ich: Es schneite.

Eine Flocke fiel auf die Stutenmähne und zertaute dort zu einem Wassertropfen. Auf den Tropfen fiel eine zweite Flocke, und auch die taute dort, bis ein Flockenschwarm anschwebte und sich wollig und weich in der Pferdemähne behauptete.

Bald lag eine Schneeschicht – zart wie der Stoff von Großmüttergardinen – auf Wegen und Schneisen, aber hinter der Stute lagen die Abdrücke der Hufe noch wie Brötchen aus Sand. Flocke bei Flocke legte sich der Schnee auf die Wurzelfüße der Buchen, umhüllte ihre Astvorsprünge und überzog ihr tabakbraunes Altlaub, und eine Weile drang das Braun noch durch die Lasur, doch die Schneedecke wurde dichter, und die Farbe verstummte. Den Koppelpfählen wuchsen Taschkenter Mützen, und die gesprenkelten Maulwurfshügel hockten umher und starrten sie an.

Nun lag schon Schnee auf dem Sattelknopf, und es lag auch Schnee auf der Zügelhand, auf meinem Ärmel, auf meiner Mütze, und ich ließ ihn dort und schüttelte mich nicht, weil ich wissen wollte, wie sich die Bäume fühlen, wenn es Winter wird und der Schnee sie befällt.

ERWIN STRITTMATTER

Hundertmal Schatten
heißt auch
hundertmal Licht.

PAUL HUFNAGEL

ENTSPANNENDE KERZENMEDITATION

Mit Kerzen kannst du dir eine beruhigende Umgebung gestalten. Der Blick in die ruhigen Flammen entspannt, und gerade in der dunklen Jahreszeit strahlen sie Wärme und Trost aus. Möchtest du das Kerzenlicht auch hin und wieder zu einer kurzen Meditation verwenden?

Dazu zündest du eine Kerze an, die nicht weiter als einen Meter auf Augenhöhe vor dir steht.
Setz dich aufrecht, aber bequem hin und schaue in die Flamme.
Atme ruhig ein und aus und lass deine Gedanken vorbeiziehen, bis dein Kopf leer wird.
Atme mehrmals gleichmäßig und langsam vier Sekunden ein, dann wieder vier Sekunden aus. Betrachte dabei weiterhin das Kerzenlicht.
Dann schließe die Augen und betrachte die Flamme vor deinem inneren Auge. Lass das Licht in dir größer werden. Spürst du, wie sich Wärme und Kraft in dir ausbreiten?
Wenn du möchtest, komm langsam wieder zu dir zurück und öffne die Augen.

Lass das Gefühl noch eine Weile nachwirken.

Über die Zeit

Ein Esel, eine Eintagsfliege und eine Schildkröte unterhalten sich leidenschaftlich über das Leben.
„Ja, wenn ich mehr Zeit hätte", sagte die Eintagsfliege, „dann wäre alles einfacher! Könnt ihr euch vorstellen, was es bedeutet, alles in 24 Stunden unterzukriegen? Geborenwerden, Aufwachsen, Erleben, Erleiden, Glücklichsein, Altwerden und Sterben. Alles in 24 Stunden?!"
„Ich gäbe was drum", sagte der Esel, „wenn ich nur 24 Stunden zu leben hätte. In kurzer Zeit alles auskosten, was es gibt. Ich stelle mir das herrlich vor: Kurz, aber richtig."
„Ich verstehe euch nicht", warf die Schildkröte ein. „Ich bin jetzt 300 Jahre alt. Die Zeit würde nicht reichen, wollte ich euch erzählen, was ich erlebt habe. Es ist einfach zu viel. Schon vor 200 Jahren habe ich mir gewünscht, ans Ende meiner Zeit gekommen zu sein."
„Ich beneide dich", sagte sie zu dem Esel, und zur Eintagsfliege: „Mit dir habe ich Mitleid."
„Wenn ich das so höre", sagte der Esel, „ich gäbe was drum, wenn ich 300 Jahre alt werden könnte. Viel Zeit haben, um das Leben richtig auskosten zu können. Ich stelle mir das herrlich vor: Lange, aber intensiv."
Da schwiegen die drei sehr traurig, weil jeder das Leben nach der Uhr gemessen hatte und sich nun danach sehnte, das eigene Leben zu verlängern, zu verkürzen oder beides zu versuchen. Da gingen sie zu dritt zur Spinne, die wegen ihrer Weisheit berühmt war, um sie um Rat zu fragen. „Schildkröte", sagte die Spinne, „hör auf zu klagen; denn wer hat schon so

viel Erfahrung wie du?“ Zur Eintagsfliege sagte sie: „Fliege, hör auf zu klagen; wer hat schon so viel Freude wie du?“
Da meldete sich der Esel und fragte, was sie ihm denn riete.
„Dir rate ich nichts“, erwiderte die Spinne, „denn du wolltest beides! Du bist und bleibst ein Esel.“
Als die anderen Tiere das hörten, warfen sie ihre Uhren weg und maßen das Leben fortan nach seiner Tiefe und seinem Sinn.

PETER SPANGENBERG

Redaktion und Texte: Sonja Schwalb
Cover: Alicia Terry
Layout und Satz: Heike Kluge
Gesamtherstellung: Drukarnia Dimograf Sp. z o.o., Bielsko Biała

Nimm dir etwas Zeit für dich
GTIN 978-3-8485-0285-1

www.groh.de

MIX
Papier | Fördert gute Waldnutzung
FSC® C018236
FSC www.fsc.org

1 2 3 4 5